Fritz Fenzl

Magische Kraftorte in Bayern

Fritz Fenzl

Magische Kraftorte in Bayern

rosenheimer

Inhalt

Rhön
Aschaffenburg
Spessart
Geiersberg
Main
Schweinfurt
Würzburg
Coburg
Kulmbach
Döbraberg
Hof
Schneeberg
Fichtelgebirge
Bayreuth
Bamberg
Steigerwald
Forchheim
Regnitz
Erlangen
Fürth
Nürnberg
Entenbühl
Weiden
Fränkische Alb
Amberg
Schwandorf
Naab
Ansbach
Schwabach
Neumarkt
Main-Donau-K.
Altmühl
Regensburg
Böhmerwald
Gr. Arber
Bayerischer Wald
Gr. Rachel
Nationalpark Bayerischer Wald
Straubing
Deggendorf
Ingolstadt
Donau
Passau
Isar
Landshut
Lech
Amper
Freising
Augsburg
Erding
Dachau
Fürstenfeldbruck
München
Ammersee
Starnberger See
Memmingen
Iller
Kaufbeuren
Rosenheim
Inn
Chiemsee
Salzach
Kempten
Bayerische Alpen
Wendelstein
Nationalpark Berchtesgaden
Königssee
Watzmann
Bodensee
Lindau
Allgäu
Ammer
Garmisch-Partenkirchen
Zugspitze
Nebelhorn
1–3
4
5–10
11–14
15,16
17
18
19
20
21
22, 23
24
25
26
27
28
29
30
31
32
33
34
35
36
37
38
39
40
41
42
43
44

Vorwort

Der magische Ort trägt die Ewigkeit in sich

Selbst die Götter haben ihren Ort. Und »der Himmel« ist auch nichts anderes als die spirituelle Verortung der unfassbaren, aber spürbar wirksamen höheren Macht. Alles, was existiert, hat seinen Ort. Irdisch-Materielles sowieso; aber schwarze Löcher und unentdeckte Galaxien brauchen, egal, ob sie »sind« oder »nicht sind«, ihren Ort oder Nicht-Ort. Jedenfalls für uns Menschen, wenn wir darüber nachdenken wollen. Sinnieren Sie einmal über das Thema »Lichtgeschwindigkeit«: Sie schaffen sofort geistige Bezugsorte. Denn: Sogar abstraktes Denken »geht nicht« – ohne einen festen Stand-Punkt.

Anhand ausgewählter »magischer Orte« in Bayern wird dem Leser, Pilger oder Kraftort-Wanderer klar, dass an besonderen Plätzen die Ewigkeit nicht nur greifbar ist, sondern dass diese Orte das Geheimnis der Ewigkeit in sich tragen! Nach langer Beschäftigung mit der Frage, was denn einen »magischen Ort« oder »Kraftort« ausmacht, zeigt sich neben all den bekannten Kriterien wie dem erlebbaren »Hochfahren« sämtlicher Funktionen des Körpers, der Seele und des Geistes: Die Ewigkeit ist ein magischer Ort. Und dieser magische Ort liegt »irgendwo« auf der niemals erforschbaren Schiene der Zeit. Zeit wird »relativ« am magischen Ort. Das ist ein Teil der enormen Anziehung.

Was sonst noch macht den Kraftort aus? Wasser (unterhalb der Kraftorte existieren Wasserlinien, die je nach Boden und Gesteins-Struktur kosmische Strahlung absorbieren oder reflektieren); jede Art von Gewässern an der Oberfläche, ziehende Magnetfelder und Energiezonen, Schnittpunkte der Drachenlinien, morphogenetische Informationscluster; multidimensionale Radionik, kosmische Einstrahlung, und – oh ja: auch Gedanken, die hier am Ort gedacht und gelebt wurden. Gedanken aber sind schneller als Licht, sind ohne Zeit und Raum. Aber nur am Ort fassbar.

Wie gesagt: Der magische Ort trägt die Ewigkeit in sich. Der magische Ort bedeutet ein »Weiterleben«. Wunderbar: Das Danach, die Ewigkeit, ist im Hingehen erlebbar, im Hier und Jetzt.

Die hier vorliegenden Texte sollen neben den Beschreibungen in der gewohnten Sichtweise des Autors »imaginiert« werden, nämlich genau so ins Bild, wie der Ort und dessen einbeschriebener ewiger Geist dies vorgeben. Warum sind magische Orte so schön? – Weil sie Transzendenz und Ewigkeit in sich tragen.

Der Gral – von ihm ist an der einen oder anderen Stelle die Rede – ist die ewige Suche des Menschen nach sich selbst. Am magischen Kraftort, den Sie suchen, gelangen Sie zu Ihrem wahren Ich. Und wenn Sie »kein anderer« mehr sein

müssen, sind Sie reif für die herrliche Begegnung mit … Nun, nennen Sie doch diese höchste Macht, die über allem steht und die auch dann machtvoll bleibt, wenn jeder sie zu ignorieren meint – nennen Sie diese Macht doch ganz einfach Gott! *Fritz Fenzl*

Fünfseenland, Zweiseenland

Magie der Seen in Bayern

Die Seen sind überall dort, wo sie »liegen«, von einer lebenserfüllenden, beruhigenden und heilenden Energie »erfüllt« – und auch umgeben. Tatsächlich »liegen« die Seen, hingegossen und eingebettet wie in einer bergenden Bett-Mulde. Ohne Senke kein sich sammelndes Wasser und kein See. Das Wort von der »guten Lage« trifft hier zu wie selten. Grundstückspreise im Umfeld der Seen zeugen davon.

Alles, was »ist«, obliegt einem regelmäßigen Hin und Her, sowohl materiell als auch mental. Wir nennen dieses Pendel des Seins zu Recht »Schwingung«. Es gibt wirklich nichts (einschließlich der Gedanken), das nicht schwingt. Nebenbei: Je feiner die Schwingung, desto höher die Energie, je feiner die Schwingung, desto besser und edler »vibrieren« die Gedanken. Schwingung ist extrem kommunikativ, so überträgt jede Schwingung im Welten-Raum ihre Energie auf andere Körper.

Wer gerne schwimmt und das Spiel von Auftrieb und Abtrieb erspürt, wer von einem Steg oder Dampfer aus das Spiel der Wellen beobachtet, wer in einem Fischerkahn die Ruder einfährt und sich scheinbar ziellos dem Wellen-Spiel des Seins hingibt, der weiß, was damit gemeint ist.

Auch unter Menschen funktioniert dieses Ein-Schwingen und Mit-Schwingen: Sympathie und Antipathie sind die fühlbare und unübersehbare Folge. Schwingung, vor allem zwischen Menschen und auch Tieren, kann bewusst harmonisiert werden: Man redet dann vom Sich-Einschwingen, Sich-Einstellen auf jemanden. Ohne Schwingungs-Anpassung gäbe es wohl keine Höflichkeit. Mitschwingen-Lassen geschieht aber sehr oft ohne das Wissen des »Mit-Schwingers«. In diesem Falle wird die Schwingung manipuliert. Ein klassischer Fall von dunkler Magie.

Nicht zueinander passende Schwingung empfinden wir als Antipathie. Wir fühlen uns unwohl und können nicht sagen, warum. Doch dies alles trifft nicht nur für Menschen untereinander zu: Es gilt auch für die Landschaft und für bestimmte Punkte im Landschaftsgefüge. Schwingung »stimmt« (Stimmung hat immer mit Klang, Vibration und mit Tönen zu tun) – oder sie stimmt nicht.

Die immer mehr in den lebensnotwenigen Mittelpunkt des Überlebens rückende Geomantie befasst sich mit den Kraftfeldern der Erde, dem Gitternetzwerk der Kräfte, den sich so ergebenden Flusslinien und Drachenpfaden, resultierend aus der Polarität, dem urzeitlich kraftstrotzenden Spannungsausgleich zwischen den Erdmächten. Geomantie kann zu Manipulationszwecken missbraucht werden, wie in der ersten Hälfte des letzten Jahrhunderts in Deutschland zum unwiderruflichen Schaden geschehen.

Geomantie heißt, die Energiefelder der Erde mit Bewusst-Sein wahrnehmen. Diese wunderbare Wissenschaft sollte aber nicht manipulativ gebraucht sein, sondern vielmehr heilenden Zwecken dienen. Geo = Erde, Mantik = Wahrsagekunst: Geomantie bedeutet damit die uralte Wissenschaft, die auf der Erfahrung beruht, dass dem Himmel und der Erde mehr Kräfte innewohnen als sich mit den fünf Sinnen erfassen lassen. Vielmehr walten in und auf der Erde Kräfte, die in ihren wahren (wohl geistigen) Ursprüngen niemals erforschbar sein werden.

Das System der weit verzweigten Kraftlinien, der Drachenpfade, wird von Wissenden mit den energetischen Strömen des Blutkreislaufs im menschlichen Körper und dem gesamten Kreislaufsystem gleichgesetzt. Dazu gehören ebenfalls Kraft-Punkte, die dann bei der Akupunktur bewusst – und heilend – aktivierbar sind. So, wie die Landschaft immer schon von Wissenden mit Säulen, Stelen, Menhiren, Türmen, Maibäumen etc. zu heilenden Zwecken »gepfählt« wird.

Schon die eigene Wohnung ist Übungs- und Erfahrungsfeld. Jedes Zimmer bedeutet einen Kraftbereich mit speziellen Feldern, die Sie als gut oder schlecht spüren können, zumeist sogar überdeutlich. Nochmals: Alles schwingt. Und das »Wie« der Schwingung, es ist Ihr Leben und Ihre »Befindlichkeit«. Gelänge es uns, die Gralsbotschaft in ihren Tiefenschichten zu entschlüsseln (und warum sollte das dem versierten Kraftort-Gänger nicht möglich sein?), so würden wir bald auf Hinweise stoßen, die das heilende, strahlende Feld des Raumes abtasten könnten.

Das vitalenergetische, kosmisch eingebundene System der heiligen Berge und Seen und ihrer Kraftquellen wäre mit einbezogen. Vergessen wir nie: Berge und Hügel, ebenso die Endmoränen der Gletschereis-Seen sind vorstellbar wie riesige Kristalle oder Aggregatzustände »Erde«, die jene unglaublichen Kräfte, Strahlungen und Lichtenergien des Kosmos zu bündeln vermögen.

Und erst die Alpen! Durch deren enormes Gewicht wird »Masse«, vor allem im feinstofflich-energetischen Sinn zu verstehen, weggedrückt nach unten, um dann an bestimmten Punkten, ganz im Sinne des artesischen Brunnens, wieder mit Urgewalt und mit Macht nach oben zu kommen. Die Kraft der Berge ist damit mit jener der Pyramiden zu vergleichen. Der sichtbaren Pyramide mit ihrer kalkulierten Erdschwere, mit der breiten Basis und der stets das Dreieck bildenden, sich verjüngenden Spitze, ist immer eine unsichtbare, in Mutter Erde liegende, spiegelsymmetrisch entgegengesetzte »Anti-Pyramide« beigegeben.

Mächtig und spürbar ist die Urkraft der Alpseen und Bergquellen; Gletscherseen weisen zudem noch die Ätherkraft und Urgewalt des schmelzenden Eisberges oder der vereisten Kappe auf dem Alpfelsen auf. Nebenbei: Auch wenn in unserer Gegenwart Gletscher »zusehends« schmelzen: Energetisch bleiben sie erhalten. Wir leben in einer permanenten Eiszeit. Und reden von Erd-Erwärmung. Der Starnberger See und die Gletscherseen Kärntens (ebenfalls Würm-Eiszeit) offenbaren spürbar die Kraft vorgeschichtlicher Moränenhügel und Eiszeit-Gletscher. Energie bleibt! Da die Eiszeit-Energie geschmolzener Gletscher fortbesteht, findet sich im Becken und in der Umgegend des Sees also »Zeit«. Seen sind Zeitschleusen und Zeitentunnel. Machen Sie eine Visualisierungs-Übung: Stellen Sie sich vor, wie die Ur-Zeit im Becken des Ammersees »schwimmt«! Dazu kommt die Energie des Wassers (H_2O, der Urstoff des Lebens!) im gefestigt-flüssigen Zustand der drei Aggregatzustände: fest, flüssig, gasförmig. Übrigens eine der Geheimformeln des Lebens und des göttlichen Willens (soweit ergründbar); ein Ur-Geheimnis wie die Polarität und die Liebe …

Der See vereint die Elemente Luft, Wasser, Feuer und Erde. Von der Erkenntnis dieser materiell-stofflichen Tatsachen ist es nicht weit bis zu den alten Einweihungs-Lehren der Al-Chemie (Alchimie). Und damit zum Gedanken an die Wandlung alles Seienden. So kann auch die Seele als vergeistigte Wandlung des Dinglichen betrachtet werden. Sind wir da noch weit vom »Geheimnis« des Grals entfernt? – Kaum.

Denn dies große Geheimnis, das so viele Sucher, Suchende, Süchtige und Siechende auf den Weg brachte und ebenso von diesem abbrachte: Es liegt im Kopf. Der Kopf ist sozusagen eine Schale mit einer Be-Deckung, und so sind nicht nur die Seen Bayerns und Österreichs, zumal, wenn sie in erdgeschichtlich bedingten Becken liegen, immer ein erlebbares, umgehbares, mit dem Ruderboot oder Dampfer befahrbares Geheimnis: ein Grals-Geheimnis.

Der Gral, das Becken: Es vereinigt die Elemente von

- Wasser (Eis, Eiszeit, Gletscher, Regen, Zu- und Abläufe, der See selber),
- Feuer (Sonne, Schmelzen, Verdunsten, Johannisfeuer),
- Luft (Föhn, Wind, Himmel, Atmung) und
- Erde (Moränen, Berge, Hügel, Ufer, das Weibliche, die Drachenkraft!).

Geben Sie sich der Kraft hin. Sie werden fühlen und staunen!

Zweiseenland; das »blaue Land«

Die Macht des Lichts ist Schöpfungs-Macht!

Licht! – Die Macht des Lichts ist Schöpfungs-Macht. Denn »… im Anfang war das Licht!«. Nun gut, das Wort auch. Aber wer spricht schon gern im Dunkeln? Also sagte Gott: »Es werde Licht!« (Genesis 1,3) Vielleicht entstand damals der wesentliche Teil von Oberbayern, jenes mystisch blaue Licht, das über dem Kochelsee und dem Walchensee den föhnflimmernden Himmel noch blauer »scheinen« lässt?

Unter »Zweiseenland« (vielleicht in Anlehnung an die Weltfarbensicht des Malers Franz Marc) versteht man die seelengreifende Region um Kochelsee und Walchensee und die Murnauer Gegend. Wer hier weilt und optisch orientiert ist (wer also sehen kann), der denkt ständig: »Oh! Wie ein Bild!«

»Das Zweiseenland rund um Kochel- und Walchensee erscheint vielen wie gemalt (…)

Der Himmel in Bayern ist weißblau, daran gibt es nichts zu deuteln. Die Almen und die hohen Tannen sind grün, meistens jedenfalls – und die Kühe, die auf den Almen grasen, braun. (…) Aber gelbe Kühe wurden im Süden der Republik noch nicht gesichtet. Warum nur malte Franz Marc dann eine gelbe Kuh? Und nicht nur eine gelbe, sondern auch eine rote und grüne? Und damit nicht genug. Er zeichnete nämlich noch rote Rehe und blaue Pferde …« (C. Haas, Focus). Vielleicht ist es gar sinnvoll, das Franz-Marc-Museum in Kochel am See zu erleben, um, eingeweiht in den gemalten Initiationsritus des genialen »Sehers«, dies berauschende Licht-Spiel über Kochelsee und Walchensee zu verstehen?

Licht ist nicht nur Urstoff des gottgewollten Lebens, Ursymbol jeder Religion: Licht ist Macht. Macht des unzerstörbaren Lebens.

»In München, Murnau und in der Gegend von Kochel entwickelte sich neben der Künstlergemeinschaft ›Brücke‹ die zweite bedeutende Kunstrichtung des Expressionismus. Als Wassily Kandinsky und Gabriele Münter gemeinsam mit Alexej Jawlensky und Marianne Werefkin im Sommer 1908 nach Murnau kamen, entstand eine Malerei, die nicht mehr dem Vorbild der Natur im gewohnten Sinne folgte, sondern den subjektiven Eindruck erfasste und die vorangegangene ›impressionistische‹ Malweise völlig hinter sich ließ.« (www.zugspitz-region.de) Diese Lichtkunst wäre indes ohne das »Blaue Land« nicht vorstellbar. Murnau und die einmalige moorige Umgebung, der Kochel- und Walchensee, vor allem das alles erhellende und entflammende grelle Föhnlicht, beeinflussten Gabriele Münter, Wassily Kandinsky, Paul Klee, August Macke und natürlich Franz Marc. Licht ist Macht. Schöpfung. Gott.

Kochelsee-Ausbuchtung nahe Schlehdorf

Erlebbarer Zeiten-Trichter, in Sage gegossen

Wer sich länger mit Kraftorten beschäftigt, dem wird mit der Zeit eben diese ein vollkommen neuer Begriff. Zeit, die wir im Alltag kennen oder zu kennen glauben, das ist der zumeist eilige Blick auf die Uhr, die Spanne von einem Ereignis zum nächsten, das Vorrücken des Stunden- und Minuten-Zeigers zwischen Beginn und Ende. Beginn? Ende? – Anfang und Schluss, aber von was? Immer »geht« es um eine Zeit-Spanne von … bis, weil Zeit angeblich ver-geht. Zeit als Begriff bleibt so stets ein erlebbares Vergehen (die Zeit vergeht sich also an uns!), sie traktiert Nerven und Lebensqualität mit Eile und Hetze, letztlich dem scheinbaren Verfall von allem, was »in der Zeit« zu sein scheint.

Der magischen Birkenweg vom »Fischerwirt« in Schlehdorf hin zum Kochelsee, der »Hexenbaum«, eine uralte Weide, deren Inneres einen magischen Sessel bildet, der kultische Höhenweg gegenüber dem Birkenweg an der Felsenseite des kaltgrünen Sees – all dies ist schon beschrieben. Jedoch die Sage der drei Beten – sie sind im inneren der Schlehdorfer Klosterkirche lebensgroß zu sehen –, die mystisch erlebbare Zeiten-Sage von den »Fäden, die über den See gesponnen sind …«, von der Kanzel des Höhenweges zum Umfeld der Hexenweide: Diese ein Zeit-Geheimnis entschlüsselnde Sage hat mich nie mehr losgelassen.

So, wie man uns Zeit vermittelt, ist sie zumeist nichts anderes als unausweichlicher Alterungs-Faktor. Selten nur blitzt auf, dass Zeit auch vollkommen anders erlebbar ist: als Entschleunigung, Muße, Seele baumeln lassen … den Himmel schauen. Und seit Urzeiten reden uns Religionen (also immer herrschende Systeme) ein, dass wir von der Zeit gerafft werden, alt werden, verfallen – und sterben. Da wir das glauben, ist es auch so. Der Glaube versetzt Berge. Der dies sagt, ist kein Geringerer denn Jesus, der große Eingeweihte. Und dass es eine »Auferstehung« gibt, nicht nur nach qualvoller Kreuzigung, dass wir sekündlich neu »auferstehen« (zumindest aber jeden Morgen aufstehen und damit auferstehen aus einer vollkommen anderen Geisteswelt), das dringt kaum ins Bewusst-Sein. Irreführend auch die Zerlegung unserer »Zeit« in drei Teile: Vergangenheit, Gegenwart und Zukunft.

Und wo war/ist/wird das ewige Jetzt sein? Spirituell verbrämende, schönmalende Zeit- und Ewigkeits-Erklärungen liefern uns fast alle Religionen. Solche Erklärungen bleiben aber im Vagen (ewige Seligkeit, ewige Qual, ewiges Nichts …) und sind – wie könnte es anders sein? – an Bedingungen gebunden.

Magische Orte sind geronnene Augenblicke. Ebenso, wie Materie geronnener Geist ist. Was Wunder, dass immer mehr enttäuschte religiös

Suchende ihren spirituellen »Ort« finden: am Kraftort wird nicht gewertet. Es gibt, ganz im keltischen Welt(en)-Verständnis: Welt und Anders-Welt. Kein (durch Weltflucht und Jugendwahn verstärktes!) Altern – und schon gar keine Sünde oder gar Verdammnis. Wir haben entdeckt, dass der magische Ort/Kraftort geheime Weltweisheit birgt – und mitteilt. Der Kraftort nimmt einen mit.

Nicht umsonst ist im Wort »verstehen« das Stehen, der Stand(punkt): Wer seinen Ort gefunden hat, der »steht richtig«. Sprache verrät so viel. Der richtig steht, hat einen Standpunkt, in jeder Beziehung, körperlich und ebenso geistig. Wer aber einen Standpunkt hat, sei es der Dreh- und Angelpunkt einer schweren eisenbeschlagenen Klosterpforte, der Dreh-Punkt des Ruders von einem Fischerboot, oder eben ein Lebens-Stand-Punkt, der ist fest und stark und besteht. Eine feste Burg ohne Standpunkt? Undenkbar. Warum stehen alle Burgen, Schlösser, Klöster und Kapellen auf ausgewiesenen Kraftorten? Wer »seinen« Ort kennt, der weiß den Punkt, da die Welt aus den Angeln zu heben ist!

Blicken Sie vom Birkenweg aus auf das gegenüberliegende Kraftwerk, sehen Sie die dicken Fallrohre, durch die das Wasser aus dem höher liebgenden Walchensee in die Tiefe schießt, schwere Pelton-Turbinen bedient und so die Energie das Wassers transformiert wird zu Strom: einer Kraft, die wir kennen und studieren, die aber im »Innersten« unerforscht bleibt. »Wasserkraft (auch: Hydroenergie) ist eine regenerative Energiequelle. Sie bezeichnet – physikalisch ungenau – die Umwandlung potenzieller oder kinetischer Energie des Wassers über Turbinen in Rotationsenergie. Früher wurde diese mechanische Energie in Mühlen direkt genutzt, heute wird fast alle so gewonnene Energie mittels Generatoren in Wasserkraftwerken in Strom umgewandelt.

Rotationskräfte, Dreh-Energie … es ist immer dieselbe Kraft, die an magischen Orten wirkt. Potenzielle Energie, also »abwartende« Kraft mit dem gebändigten Vermögen, etwas zu bewirken!

Von Schlehdorf nach Benediktbeuren

Den Jakobsweg er-gehen

Die Gedanken um den Jakobsweg sind so vielfältig und verschlungen wie das berühmte Wege-System selber. Seit das Thema ab den 80er-Jahren populär wurde, leben wir im Spinnennetz aus Jakobs-Wegen. Das begann zuerst als ernst zu nehmender Geheimtipp wahrhaft suchender Wanderer, die nicht nur körperlich, sondern ebenso geistig unterwegs sein wollten, um dann in der eigenen Seele anzukommen. Dann geriet der Jakobs-Gedanke, sektenartig, zum Massen-Boom. Geboren war eine nicht nur seelenfördernde, sondern geldbringende Zauberquelle des kollektiven Strebens zum Ziel der undefinierten Sehnsüchte; eine wahre Wege-Bewegung gebar geldbringende Seminare, Bestseller, dazu willige Adepten. Schließlich hielt sich die »Geh-deinen-Weg«-Idee überraschend lange als vielfach verwertbarer Massenartikel des modernen Selbstsuchers. Seitdem ist bald jeder interessante Fleck, Steg, Pfad und Weg in Bayern mit dem blaugelben Taferl und dem Elf-Finger-Strahlenbündel geschmückt: »Jakobsweg«. Denn damit lässt sich nachhaltig werben und verdienen. Und irgendwie stimmt es ja auch: So, wie jeder Weg nach Rom führt, so führt auch jeder beliebige Weg nach Jerusalem oder eben zum »Ende der Welt«, der »finis terra«, eben nach Santiago de Compostela.

»Schon früh entdeckten Äbte, Könige und Künstler die Schönheit des 2-Seenlandes. Auch König Ludwig II. blieb unserer Gegend treu, und Künstler wie Franz Marc ließen sich von der einmaligen Schönheit unserer Natur inspirieren. Das Franz Marc Museum ist ein Magnet für Gäste und Kunstkenner. (…) Eine Fahrt mit dem Motorschiff auf dem Kochelsee lädt zum Entspannen mit Ausblick ein und verkürzt manchen Weg.« (Website des Vereins zur Förderung des Jakobswegs Isar – Loisach – Leutascher Ache – Inn).

Jetzt ist es, so glaubhaft euphorisch die Schilderungen der Jakobs-Pilgerjünger nach wochenlangem Wandern ausfallen, durchaus nicht jedermanns Sache, dermaßen nachhaltig, manchmal für Monate, aus dem Alltag auszusteigen. Nicht vergessen: Nichts heiligt so sehr wie der Alltag. Der Alltag (ein Tag im All, im Universum) fordert auch viel mehr als jede »Einweihung«. So mancher Zeitgenosse und Suchende ist auch beim Abspülen, Gartenpflegen oder Aufräumen Gott begegnet. Und wenn die Grals-Schale in der Spülmaschine auftaucht: kein Wunder. Wer wahrhaft sucht, findet überall.

Der Jakobsweg lässt sich auch an einem einzigen Tag entdecken und erfahren. Warum nicht den heiligenden Weg schlichtweg verkürzen, zumindest aber auflockern, den Spuren folgend, die jener Förderverein uns legt? »Die Strecke verläuft von München bis Kloster Schäftlarn auf dem Münchner Jakobsweg. Ab dort geht es an Isar und

Loisach entlang über Kloster Beuerberg, wo man auf den Südostbayerischen Jakobsweg trifft, weiter zum Kloster Benediktbeuern, vorbei an Kochel- und Walchensee in die Alpenwelt Karwendel. Durch die Leutasch erreicht der Pilger schließlich bei Mötz das Inntal mit Anschluss zum Tiroler Jakobsweg.« *(www.kochel.de)*

Wir haben die Autobahn München-Garmisch A96 bei Murnau-Kochel verlassen, sind durch Großweil gefahren und staunen über das sich nicht nur den Augen und Sinnen, sondern dem ewigen Sein öffnende magische Bild »Kloster Schlehdorf«. Im Hintergrund in mystischem Felsengrau Jochberg, Walchensee-Kraftwerk, Herzogstand und Heimgarten. Nebenbei: Schlehdorf samt Kloster ist immer einen Abstecher-Besuch wert, denn im Innern warten rechts vorn die »Drei heiligen Madl«, also die drei Beten, in der kirchlich adaptierten, von heidnischen Schlacken bereinigten Form.

Wir sinnieren: Der Jakobsweg ist inzwischen so populär und im doppelten Sinne »breitgetreten«, dass dies kein zusätzlicher Jakobsweg-Führer werden soll. Grundsätzlich gilt: Wandern ist immer gut, und dabei ein spirituelles Ziel verfolgen – noch besser! Der Rest stellt sich dann schon von selbst ein.

Mir öffnet sich der Geist am auffälligsten »Schritt für Schritt« entlang der gebirgskühlen Loisach, kurz nachdem der frische, lebendige Fluss aus dem tiefgrünen Kochelsee ausgetreten ist. Sie haben, mit dem Wagen die Autobahn verlassend, Schlehdorf durchmessen, die seelengreifende Weite der nun folgenden geraden Allee in Richtung Benediktbeuren nimmt Sie gefangen. Trotzdem, achten Sie auf den Gegenverkehr! Da die Gegend trunken macht, gibt es viele »Spinner«. Dann sehen Sie die zweite Loisachbrücke, direkt beim Ortsschild »Kochel«. Wenige Meter danach, zur Rechten, winkt ein kleiner Parkplatz, auf dem Sie die Autofahrt beenden. Sie überqueren die Straße zu Fuß in nördlicher Richtung, weg vom Gebirge, auf die Weite des Murnauer Mooses zu, also immer der Loisach entlang und deren stillem, aber sehr willensstarkem »Verlauf« folgend.

Der Weg. Die Richtung. Das Ziel. Als Ziel eignet sich Benediktbeuren mit dem berühmten Kloster besonders gut. Sie können dann, wenn es Ihnen nach drei Stunden Wandern zu viel geworden ist, mit der beschaulich-lieblichen Regio-Bahn zurück nach Kochel fahren. Entscheidend ist aber, was Sie bis dahin zu Fuß gehend erleben. Schon nach wenigen Hundert Metern, immer den grünen Fluss zur Linken, öffnen sich Ihr Geist und Ihr Gemüt gleichermaßen, und das in einer Weise, die Sie vielleicht gar nicht gewohnt sind. Eine schier unglaubliche Fröhlichkeit stellt sich ein, die ist eben nicht »von dieser Welt«. Die kommt von oben. Die Gegend packt Sie, und Sie fangen an – zu leben.

»Aber ich lebe doch schon …«, höre ich den geneigten Leser ausrufen. »Wie könnte ich pilgern, wenn ich nicht lebte?« Gut. Hier aber leuchtet ein »Leben« auf, das weder begrenzt ist noch mit Mühsal, unnützen Sehnsüchten, Gier, Neid, Verlangen und Plage gewürzt; ein Leben, das auch keinen Abschiedsschmerz kennt: Sie

verlieren die Angst. Vielleicht ist diese mystische Erfahrung halbwegs beschreibbar mit folgendem abstrakten Seelenbild, das sich bei mir auf diesem Weg dargeboten hat. Ich nenne es: das ewige Kennenlernen. Hier sind mehrere Himmels-Schleusen, der alttestamentlichen Jakobsleiter vergleichbar – und die tragen Sie mit … Wie immer: Der Ort nimmt einen mit. Wohin? – Den Rest können Sie sich denken.

»Die **Jakobsleiter** oder **Himmelsleiter** (hebr. סֻלָּם sullām) ist ein Auf- und Abstieg zwischen Erde und Himmel, den Jakob laut der biblischen Erzählung in Gen 28,11 EU während seiner Flucht vor Esau von Beerscheba nach Harran in einer Traumvision erblickt. Sie stand auf der Erde, und ihre Spitze reichte in den Himmel (…) [Gen 28,12 EU]. Auf ihr sieht er Engel Gottes, die auf- und niedersteigen (…) [Gen 28,12 EU], oben aber steht der Herr (JHWH) selbst.«

Rotkreuzklinikum in München

»Na, wo fehlt's denn?« – Heilsein ist Ganzsein

Heilen ist wohl die wirkungsvollste »Macht«, in der sich die Liebe zur Schöpfung und die liebevolle Zuwendung zum Leben verwirklichen können. Die Worte »Heil« und »Heilig« sind nicht von ungefähr aus derselben heilenden Stammsilbe geboren, Sankt, Sanus und San-itäter; ebenso die Heil-Silbe »Hol-«: holy, holistisch, Holunder, der heilende Hexenstrauch; auch »hold« und »Frau Holle« und eine Vielzahl heilender Worte zeigen die enge Verwandtschaft der religiösen Reinheit (heilig) zur inneren Gesundheit und ebenso zum Weitergeben von Heil, Gesundung.

Wobei nicht erst seit der etwas modischen Betrachtungsweise durch die Esoterik das Heil als Ganzheit, als Ganz-Sein zu verstehen ist. »Mach wieder heil ...«, sagt das Kind, wenn es will, dass der Papa oder die Mama ein entzweites Spielzeug richten sollen. Heil-Sein ist immer geistiges, körperliches und auch seelisches Ganz-Sein; wenn an der Ganzheit etwas fehlt, dann nennt man das Krankheit. »Na, wo fehlt es denn ...?«, fragt der Arzt. Sprache verrät so viel: Wo ist das fehlende Stück? Was genau fehlt an der gottgewollten Ganzheit? Hier sei schon verraten: Wenn es gefunden wird, dann setzt Heilung ein!

Das Klinikum vom Roten Kreuz in München, am Rotkreuzplatz namensgebend positioniert, es »pfählt« mit dem unübersehbaren, stadtteilbestimmenden Schwesternturm die energetische Haupt-Achse Münchens. Nämlich:

- Nymphenburger Schlosspark, Kaskaden,
- Kanal,
- Schloss,
- Nymphenburger Straße (mit Schwesternturm),
- Brienner Straße,
- Königsplatz,
- Carolinenplatz,
- Odeonsplatz,
- Residenz.

Also der alte keltische Drachenpfad, später von den Wittelsbachern als »Königsweg« erkannt und genutzt, auch in der braunen Vergangenheit missbraucht. Orte der Macht eben. Aber die Macht ist wertfrei wie das berühmte Messer in der Hand. Man kann die Macht missbrauchen und ebenso Gutes tun, heilen. Heilen und Liebe sind übrigens die stärksten wirksamen (wirklichen) Ausprägungen von Macht.

Nebenbei: Das Rotkreuzklinikum, sicher nicht zufällig auf der urweiblichen Drachenlinie gelegen, bleibt »ganz in Frauenhand«, denn Träger(in) sämtlicher Rotkreuz-Krankenhäuser in Bayern ist die Schwesternschaft vom Roten Kreuz. Sichtbar, spürbar, fühlbar – und heilsam werden hier am magischen Ort die hohen Ideale

des Heilens Wirklichkeit. Das weiß jeder zu bestätigen, dem einmal »beim Roten Kreuz« in Neuhausen heilende Hilfe zuteil wurde.

Die Rotkreuz-Grundsätze

… sind für alle Mitglieder verpflichtend.

Menschlichkeit

Die Internationale Rotkreuz- und Rothalbmondbewegung, entstanden aus dem Willen, den Verwundeten der Schlachtfelder unterschiedslos Hilfe zu leisten …

Wir dienen dem Menschen – aber keinem System.

Unparteilichkeit

Wir versorgen das Opfer – aber genauso den Täter.

Neutralität

Wir ergreifen die Initiative – aber niemals Partei.

Unabhängigkeit

Wir gehorchen der Not – aber nicht dem König.

Freiwilligkeit

Wir arbeiten rund um die Uhr – aber nicht in die eigene Tasche.

Einheit

In jedem Land kann es nur eine einzige nationale Rotkreuz- und Rothalbmondgesellschaft geben. Sie muss allen offen stehen und ihre humanitäre Tätigkeit im ganzen Gebiet ausüben.

Wir haben viele Talente – aber nur eine Idee.

Universalität

Die Rotkreuz- und Rothalbmondbewegung ist weltumfassend.

Wir achten die Nationen – aber keine Grenzen.

Der freundliche Umgangston im Haus, das so spürbare Ideal der ideologiefreien Ganzheit im Denken findet einen fantastischen spirituell-künstlerischen Ausdruck im vor wenigen Jahren neu gestalteten Lichthof, einer sich fünf Stockwerke hoch ausweitenden energetischen Kreuzung der alten und neuen Krankenhaus-Trakte, dem »traditionsreichen« und dem »modernen« Haus. So die Selbstbenennung an einer Tafel. Hier schraubt sich eine sich nach oben verjüngende Spirale, genannt Rankenkunstwerk – Kreuzblume, Stockwerk für Stockwerk, vorbei an den fünf Treppenhäusern der Krankenstationen, gen Himmel bis unter die hohe Glaskuppel. Über dem Glas, das den weiträumigen Lichthof abschließt, wurde ein komplexes, elektronisch gesteuertes Heliostaten-Doppel-Spiegelsystem installiert, das die Sonne automatisch auf das mittige Zentrum am Boden aus »Bethel White«-Granit der lichtgefluteten Halle lenkt: himmlisch heilendes Licht! Der staunende Betrachter steht immer »im Licht«, wenn er das Spindeln der Heilungs-Spirale mit Blicken und mit dem inneren Sinn nach oben verfolgt. Gefertigt wurde das intellektuelle Kunstobjekt von Nele Ströbel in den Jahren vor der Jahrtausendwende 1996/97 in einer unnachahmlichen geistigen und materiellen Mischung aus 33 Segmenten: geistig aus Kunst- und Technik-Sinn, materiell klug »berechnet« aus feinstem und extrem widerstandsfähigem Edelmetall, das den Erkenntnissen und Notwendigkeiten moderner Weltraumfahrt zu verdanken ist. Und der Bezug zum Weltraum, zum Kosmos, zu den gigantischen, Ewigkeiten fassenden, nie auslotbaren Spiralnebeln der Schöpfung ist gewiss kein Zufall.

Lesen Sie die erläuternden Tafeln, genießen Sie die Texte über Kunst und Technik, vor allem über die helfende, humanitäre Ideologie des »Roten Kreuzes«. Stellen Sie sich ins Zentrum der Spirale am Boden der Halle, dorthin, wo das gespiegelte Licht von oben den auf weiß poliertem Granit staunenden Betrachter »trifft«. Die energetisch fühlbar »hebende« Spirale ist ein Lob der Schöpfung, das im Heil einen gottgefälligen Ausdruck auf Erden findet.

Viktualienmarkt in München

Manchmal sind Lebens-Linien sinnlich genießbar …

Durch die Arbeit an einem Buch »Kraftplätze und Glücksorte in Bayern« habe ich mich mit den vielen zeitgemäßen Glücks-Definitionen beschäftigt, habe all die modernen Glücks-Bücher überflogen (bin im wörtlichen Sinne darüber hinweggeflogen), ohne dem gefährlichen Sich-hineinziehen-Lassen anheimzufallen. Um dann recht überrascht festzustellen: Je weniger Glück im Volke ist, desto mehr wird vom Glück geredet, desto mehr wird es materialisiert (was unmöglich ist), desto mehr Glücks-Bücher werden konsumiert. Es ist mit der modernen Glückologie ähnlich wie mit dem »positiven Denken«. Lesen und davon reden ist gut – aber man muss es tun.

Eine Spaß-Gesellschaft funktioniert nur dann, wenn keiner mehr die Freude kennt. Denn: Glück lässt sich nicht anlesen und noch weniger intellektuell, vom Verstande her, eingrenzen oder definieren. Jeder muss es aktiv selbst suchen. Das Glück ist schon da, und wenige sehen es. Glück ist mit der Brille vergleichbar, die auf der Nase vor den Augen sitzt, sodass sie paradoxerweise unsichtbar bleibt.

Alles ist näher, als Sie denken: Im innersten Zentrum Münchens, im »geistigen Schatten« von St. Peter und der Heilig-Geist-Kirche, stellt sich der Viktualienmarkt als Oase der Lust und des Genusses dar. Der »Bauch von München« eben. Lebens-Lust ist Lust zum Leben.

Am magischen Ort spielt Wasser, Lebens-Wasser, stets eine dominante Rolle. Und dass hier, neben den zahlreichen Hydranten, sechs originelle Brunnen-Denkmäler »sprudeln lassen«, das ist beileibe kein Zufall:

»Das Wasser hat auf diesem Platz schon immer eine Rolle gespielt. Früher flossen, einem weitmaschigen Strickmuster nicht unähnlich, sieben Bäche kreuz und quer als Rinnsale über den Markt. In München gab es früher fast 90 Bäche und Seitenarme des Isarkanals. Auf dem Viktualienmarkt mündete der Fischerbach in das Münzbachl, das seinerseits unter der Heiliggeistkirche floss. Das Strohhammerbachl vereinigte sich mit dem Katzenbach, der das Tal überquerte. Der östliche Stadtgrabenbach kreuzte sich mit dem Roßschwemmbach, der sich wiederum in den Pfisterbach (beim Geschäft Kustermann) ergoss.« *(Wikipedia)*

Übrigens befand sich bis zum Jahre 1819 am Roßschwemmbach die berüchtigte und sagenumwobene Bäckerschnelle. Dort wurden betrügerische Bäcker (damals sogenannte »Loabeschmiede«), die zu klein buken, brutal in einen Eisenkäfig gezwängt und untergetaucht.

Leider sind die Bäche und die Geschichten entschwunden. Nicht aber deren Energien. Gehen Sie hin, tauchen Sie ein in den Bauch der Landeshauptstadt. Lassen Sie zu, was mit Ihnen geschieht, lassen Sie sich im positiven Sinne gehen! Laden Sie sich energetisch auf am alten Peter, dem so enorm »ziehenden« Ort, dessen unterirdische Wasseradern quer durch die Jahrhunderte für gewaltige Blitzschläge und verheerende Brände gesorgt haben. Nehmen Sie in der und um die Heilig-Geist-Kirche die Gaben des Geistes dankbar an. Erinnern Sie sich: Dies sind die sieben (!) Geistesgaben:

- Weisheit,
- Verstand/Einsicht,
- Rat,
- Stärke,
- Erkenntnis/(die heilige) Wissenschaft,
- Frömmigkeit,
- Gottesfurcht.

… und vielleicht auch noch die Lebenslust und Sinnenfreude als achte Geistesgabe …?

Schlendern Sie umher zwischen den Ständen, gönnen Sie sich etwas. Suchen Sie selbst! Sie werden staunen, wie sehr der zentrale Markt Münchens ein Ort der Einweihung ist, ein Tempel.

Haben Sie es verstanden, hier zwischen Gemüse-Ständen? Es ist so einfach und deshalb so schwierig. Es geht um das Leben. Es geht um die Liebe. Es geht um die Bewahrung der Welt vor dem Bösen, wie immer Sie das Böse definieren oder intellektualisieren. Das Böse gibt es, es ist gegen das Leben gerichtet, arbeitet aber sehr »im Dunkeln«, gibt sich oft menschendienlich, sozial, liebt sogar das Wort »human«. Sie aber sind wirklich für das Leben, Sie wollen und können dienen, fördern, verstehen, verzeihen, annehmen. Sie dienen dem Leben, dem Gral, dienen Gott. Und der Gral dient Ihnen …

Herzogspitalstraße in München

Die schielende Madonna von München

Nicht weit entfernt vom Karlsplatz, der auch Stachus genannt wird, im Herzen der Münchner Altstadt also, da wartet ein ganz besonderer heiliger und im Wortsinne sehenswerter Ort. Eine stille Nische inmitten einer sonst kaum beachteten Kirche, ein erwiesener Wunderplatz, bei dem der Gegensatz zwischen Trubel und Hektik, zwischen Großstadtzentrum und kontemplativer Stille nicht ausgeprägter sein könnte.

Wer durch das Stachustor (Karlstor, Neuhauser Tor) in Richtung Marienplatz schreitet, möge sich alsdann bei erster Gelegenheit nach rechts wenden, die kurze Herzog-Wilhelm-Straße durch messen, und schon trifft er auf die Herzogspitalstraße, der auf unerklärliche Weise eine seltsam fromme, ja katholische Prägung seit Anbeginn einbeschrieben zu sein scheint. Wer sich in München (und mit Immobilien!) auskennt, weiß warum.

In hingebungsvollen Romanen erfreut sich die »Herzogspitalgasse« übrigens gar mancher einfühlsamen Beschreibung; wer auf einem ihrer Trottoirs, parallel zur Fußgängerzone, in westlicher Richtung schreitet, der findet ein wunderbar gepflegtes Devotionaliengeschäft mit erwähnenswerter Tradition, vielen Heiligenbildern und noch mehr heiligen Büchern. Und eben auch, etwas unscheinbar zwischen Beton und Backsteinmauern, den Eingang zur Herzogspitalkirche.

Ein auffälliger, von den übrigen Gebäuden der Straßenzeile abgesetzter Komplex aus dunkelroten Klinkersteinen gibt einen seltsam anmutenden Durchgang frei. Gut sichtbar an der Wand prangt der Schriftzug »Herzogspitalkirche«. Erst aber muss das schwere eiserne Tor mit dem Engel durchschritten sein. Das Innere der Kirche, außergewöhnlich schlicht gehalten, dämmert bei jeder Tages- und Abendzeit in wohltemperiertem Halbdunkel. Auch stellen sich hier beständig stille Beter ein, denen der Beobachter anmerkt, mit welchem Ernst sie sich der höheren Macht zugewandt haben. Selten findet sich ein Gotteshaus mit so »weggetretenen« Betern. Rechts aber, in einer Rundnische, steht eine dunkle Madonna hinter schweren Gitterstäben. Dunkel, schmerzvoll, unheimlich. Die hat etwas von der Schwarzen Madonna, jedoch handelt es sich hier sicherlich lediglich um Nachdunklungen an der aus Birkenholz gefertigten Marienfigur. Doch Zufälle gibt es bekanntlich nicht. Diese Maria ist dunkel und auch noch düster; wohl aufgrund des Rußes zahlloser Kerzen, die ihr zu Ehren abgebrannt wurden und werden.

Sonst nichts Besonderes? Eigentlich nein. Der Platz ist weder sonderlich aufladend noch Energien abziehend, die Stelle im Gotteshaus bleibt neutral, ruhig, still, friedvoll. Aber der Platz vor der Statue wirkt. In geradezu beängstigender Weise greift der Platz hier jeden Ankommenden, fördert extrem die spirituelle Konzentration.

Diese Madonna besitzt eine recht eigenartige Ausstrahlung! Sie ist weniger verstehend-mütterlich-lieb denn machtvoll; ja, gar etwas Bedrohliches wohnt dieser Figur inne.

Und die Augen! Die liegen stets im Dunkeln. Das weit nach unten gezogene Kopftuch, der Schleier, tut ein Übriges. Aber genau das gerade führt zu jenem irritierenden Effekt, der die Madonna der Herzogspitalgasse berühmt gemacht hat. Versuchen Sie, dem forschenden Blick, der aus irritierender Dunkelheit zu kommen scheint, und Sie – ja Sie, lieber Leser und Pilger! – trifft, auszuweichen. Dies ist unmöglich. Bewegen Sie sich vor der Statue hin und her. Sie haben in jeder Position, die Sie einnehmen, das untrügliche Gefühl, scharf und wissend beobachtet zu werden.

Nicht nur ein Gefühl … es ist so.

Dieses Phänomen kommt, bei eingehender Betrachtung, durch die fast vollständig geschlossenen Augen. So ergeben die Lider etwas Helles, Bohrendes, Verfolgendes. Man kann ruhig von einem stechenden Blick reden. Und das bei gesenktem Blick! In Ihnen stellt sich genau jene schleichende Unsicherheit ein, die jeder kennt, der kontinuierlich fixiert und unverwandt angeschaut wird. Eine heilige Beklemmung. Sie sind hier nicht allein. Die dunkle Marienstatue schaut Sie nicht nur an, sie folgt Ihnen, wohin Sie auch gehen werden auf dieser Welt – und durchschaut Sie! Im Wortsinne: Schaut durch Sie hindurch. Ein unbequemer, aber faszinierender Ort.

Und wirklich: Dieser dunklen Madonna wird das »Wunder der Augenwende« zugeschrieben. Am 21. Januar 1690 – so berichtet die Chronik – soll die im Jahre 1651 aus Birkenholz geschnitzte Maria die Augen gewendet haben. Nicht nur damals! Noch heute singen die Schwestern des Ordens der Servitinnen beim Chorgebet: »Wende deine barmherzigen Augen zu uns und zeige uns Jesus!« Und ebenfalls heute noch wird jedes Jahr am dritten Sonntag das Fest der Augenwende begangen.

Respekt einflößend, ohne Zweifel. Doch mancher bodenständigen Münchner (und Christ) spricht gar nicht so erhaben von der »Madonna mit der Augenwende«, sondern bayrisch g'radraus von der »g'schiagladen (schielenden) Maria«. Gedanken: Die blickstarke Madonna der Herzogspitalkirche bedeutet nicht nur ein Wunder oder hat wenigstens den spirituell-gruseligen und dennoch heiligen Effekt: »Du wirst stets beobachtet! Augen folgen dir. Es sind die wachen Augen deines eigenen Gewissens.«

Rathaus in München

Wächter, Wärter, Wasserspeier, wild gewordene, sich windende Drachen … und verwitterte Wittelsbacher

»Weitaus schlimmer als Demonstrationen ist etablierte Macht, denn es liegt in ihr begründet, die Menschen über ihre wahren Ziele zu täuschen und sie abhängig, vernunft- und kritiklos zu machen« (Rolf Appel: Die großen Leitideen der Freimaurerei).

Stellen wir uns vor die breite Front des Münchner Rathauses (des Neuen Rathauses), das den Münchner Marienplatz nach Norden hin abgrenzt: Vergessen wir einmal die weltberühmte »Fassade« (Glockenspiel mit Fürstenhochzeit, lebensgroßen Rittern in Rot und Blau, darunter dem mechanisierten Schäfflertanz); vergessen und »übersehen« wir repräsentative Balkone für große Münchner Fußballvereine, dazu die neugotisch-historisierende Ästhetik … Es geht um Macht. Vielleicht sogar um Gewalt. Aber das merkt keiner und darf auch keiner wissen.

Zur Macht gehört auch, dass Geschichte so dargestellt wird, wie es den Macht-Habern (das sind immer die Sieger der letzten Schlachten oder Kriege) recht ist. Geschichte lässt sich für die Verschleierer nicht nur klittern, sondern ganz einfach zuschütten! Schnell also ein Blick hinter das Rathaus, zum Marienhof. Inzwischen wieder den interessierten Blicken entzogen, nicht nur materiell, sondern vor allem geistig zugebaggert, mit goldgelber »Münchner Erde« aufgefüllt, oben glattgewalzt und wortwörtlich mit Gras bewachsen: der Marienhof, jenes Filetstück Münchner Baugrund-Kultur. Grabungen der letzten Jahre, wegen der neuen U-Bahn-Trasse freigelegte Mauern, Bögen, mittelalterliche Gewölbe, Kultbauten – diese »stillen Zeugen« hätten ein Umschreiben der Stadtgeschichte notwendig gemacht. Vor allem das Gründungsdatum … Zugeschüttet!

Interessant: Zugeschüttet mit Erde. Mit dem weiblichen Element also. Mutter Erde. Und der Marien(!)-Hof, der Hof also mit der denkbar weiblichsten Benennung, wurde zugeschüttet aus materiellen Gesichtspunkten. Mater-ie hat nicht umsonst die Mater im Namen. Das Mütterliche, Weibliche. So schließt sich der Kreis. Aber das (so positiv) Weibliche muss wieder einmal dem (männlichen) Profitwahn dienen … »… so überrascht es nicht, dass ›Mutter‹ und ›Materie‹ untrennbar miteinander verflochten waren in der planetarischen Matrix, was buchstäblich bedeutet ›der Schoß der Mutter Erde‹ …« (Lyall Watson: Das geheime Leben der Dinge, S.106).

Wir stehen nun wieder an der Mariensäule, blicken auf die breite Rathausfront, genießen die Kraft der Drachenlinie vom Stachus über den Marienplatz bis ins Tal und zur Isar. Der Drache, gepfählt durch die erhabene Säule mit der Drachenfrau … Maria …

RATHAUS APOTHEKE
Ratskeller
IG MAYER
IG MAYER
IG MAYER

Das ganz und gar unübersehbare Münchner Rathaus riegelt den Marienhof an dessen Südseite ab. Nach Norden, »zum Nordischen, Heidnischen hin«, den durch die magische Pfählung »Mariensäule« dominierten Marienplatz abschließend, bildet die berühmte neugotische Front mit den Erkern, Fialen, Spitztürmchen, mit den versteinerten, teilweise verwitterten Wittelsbacher Heerführern, Wasserspeiern und Dämonen so den Haupt-Blickfang, den Eye-Catcher des Kultplatzes. Denn dieser Marienplatz ist nicht nur Touristen- und Fotoshooting-Zentrum, er überrascht Kraftort-Gänger mit schier unglaublichen Ortsenergien und saugenden tellurischen Trichtern, vor allem östlich der Mariensäule und an der westlichen Rathaus-Ecke, beim »Wurmeck«. Weniger Fühlige können dies an den »benommenen« Gesichtern der Passanten ablesen. Beobachten Sie, auf dem Marienplatz vor dem Rathaus stehend, einmal nicht die bekannten Bauten, sondern die vorbeitaumelnden Zeitgenossen! Jeder strebt irgendwohin. Strebt er? – Er *wird* gestrebt. Denn dieser Platz ist hochgradig manipulativ – ebenso wie die Rathausfront mit den zahllosen bannenden (!) Symbolen. Betrachten Sie die Rathausfront als Einweihung. Dort, wo alle hinsehen, ist am meisten verborgen. Unsichtbar, sichtbar!

»Für die Weiterentwicklung der Münchner Architektur weniger bedeutsam blieben die zwar bewunderten, aber kaum nachgeahmten neugotischen Werke des gebürtigen Grazers Georg Hauberrisser (1841–1922). Besonders der (ab 1865 errichtete) erste Bauabschnitt des Münchner Rathauses und die Paulskirche (1892–1906) wurden in der Fachliteratur sehr gelobt« (Dieter Klein: Münchner Maßstäbe).

Sehen (!) Sie die Front des Neuen Münchner Rathauses. Und schauen Sie die Welt hinter der Welt (eben die bannende, manipulative Welt hinter der sichtbaren, der »materiellen« Front)! Okkulte Zeit-, Denk- und Glaubens-Zonen öffnen sich im besonders Sichtbaren: Dort, wo alle hinschauen und nichts sehen – außer eben »Fassade«! Das ist so gewollt – bei der Rathaus-Front und auch an Plan, Konzeption und operativer Symbolik der Paulskirche in unmittelbarer Nähe zur Theresienwiese. Es sind die Ideale der Freimauerei (Logenwissen, Einweihungssprache, verdeckte Symbolik, ein Code des Denkens und Schauens, das von Georg Hauberisser zur Zeit des Rathaus-Baues längst Besitz ergriffen hatte) … »Freimaurer der ganzen Welt verstehen die Sprache der Gleichnisse, der Symbole …« (Appel, S. 44).

Schreiten Sie durch das breite Haupt-Durchlasstor, das zum Rathaushof mit dem okkulten Bodenmuster führt. Sehen, suchen, finden Sie die Zeichen!

Engerl-Pfade in München

Flattern in alle Ewigkeit

Die Engerl-Pfade sind zu finden in einer bayerischen Großstadt oder einem der herrlichen Schlossgärten quer durch das Land. Suchen und finden Sie Engelbilder oder Engel-Skulpturen. Und wie? – Das wiederum zeigt Ihnen der liebe Gott selbst. Und eines der vielen Beispiele sei … die »Münchner Engerl-Tour«!

»In einer Stadt, die ihren Namen einer Mönchssiedlung verdankt, ja sogar einen Pfaffen im Wappen führt, muss man nach Zeugnissen kirchlicher Frömmigkeit nicht lange suchen«, so schrieb die Süddeutsche Zeitung in ihrer Weihnachtsausgabe des Jahres 2002 (SZ, 24./25./26. Dez. 2002, S.44). Der Artikel war überschrieben mit der euphorisierenden Zeile: »Das Jauchzen der himmlischen Heerscharen. Flattern und Schweben in alle Ewigkeit …«

»München leuchtet« – als Dichterwort ist es legendär, das Leuchten wird aber immer schon als numinos und seltsam überirdisch gesehen. Auch wenn Thomas Mann in der Gladius-Dei-Novelle sich über seltsame Apostel und Engerl nicht nur im Schaufenster lustig machen mag. München ist (sprechen wir es hier ruhig aus), München ist nicht von dieser Welt. Sowohl das gute als auch das böse München sind einfach »anders«. Nochmals Süddeutsche Zeitung: » … sie [die Engel dort, Anm. des Verf.] gehören, wie Polizisten oder Müllmänner, zum Dienstpersonal dieser Stadt …« (ebd.). Nun denn. Die Allgegenwart der Münchner Engel mit Polizisten und Müllmännern zu vergleichen, dafür gar das Wort »Dienstpersonal« zu gebrauchen, grenzt denn doch an eine höllische Unverschämtheit.

Es gibt wohl keinen sinnvolleren Anfang der Gut-und-Böse-Engerl-Tour als den Platz vor der Michaelskirche in der Fußgängerzone: Kulturschaffender Zusammenprall der beiden gottesnahen Alpha-Männer, nämlich des Berufserzengels Michael als auch des befehlsgewohnten Höllenfürsten und Lichtexperten Luzifer. Ich habe den spirituellen Gewaltakt »Höllensturz« an anderer Stelle oft und gerne beschrieben. Hier nur so viel: Diese dramatischste Szene des christlichen Welttheaters ist einfach nicht mehr zu toppen. Nach Hubert Gerharts Monumentalplastik und ihrer magisch-suggestiven Wirkung auf jeden Vorbeikommenden konnten andere Künstler die berühmte alttestamentliche Action-Szene nur noch kopieren. Schöner und deutlicher lässt sich der fragwürdige Dualismus unseres (!) Denkens nicht mehr darstellen. Aufpassen: Wer sagt denn, dass Gott, Teufel und Michael (und alle anderen himmlischen Heerscharen) auch so denken? Was ist, wenn die beiden (der Schöpfer und der Anti-Schöpfer) nicht im Religionsunterricht gesessen sind und ganz andere Gedankengänge haben, als wir hoffärtigen Menschlein ihnen gestatten und gönnerhaft zutrauen! Vielleicht sollten wir einmal in einem Gebet nachfragen.

Laden wir uns auf: Am besonderen Ort in München, dem wahrhaft raum- und zeitschluckenden Areal der Michaelskirche, einer seltsam geladenen Umgebung, die doch auch jene berühmte letzte (?) Ruhestätte für den Märchenkönig Ludwig II. birgt. Zunächst aber noch ein kurzes Nachsinnen. Engel haben ja immerhin mit Geist zu tun. Münchner Engel und Dienstpersonal? Vielleicht ist das denn doch nicht zu weit hergeholt. Immerhin lässt Ludwig Thoma sein grantiges Fluch- und Schimpf-Engerl, den unfrohen Aloisius, dem gequälten Körper eines Münchner Dienstmannes Alois Hingerl entschlüpfen. Wer braucht da noch eine Seelenwanderung, wenn er solches hört?

Zunächst müssen wir nicht wirklich weit gehen. Lediglich ins Innere der Kirche hinein. Staunen erlaubt. Das Tonnengewölbe ist – neben dem des Petersdoms in Rom –, das größte und mächtigste der Welt. Noch nicht genug von Michael dem Engel: Schauen Sie auf das weithin sichtbare monumentale Altargemälde, das sogenannte Altarblatt. Der raumgreifende Paradieses-Engel erscheint hier wirklich über-ragend, sein Künstler Christoph Schwarz, der das Bild geschaffen hat, musste hier neue kompositorische Monumentalordnungen entwickeln.

Schutzengel! Es findet sich hier in der Kirche ein wunderbar gemalter Schutzengel-Altar in einer der rechten Seitenaltar-Nischen. Und dann natürlich der lebensgroße bronzene Weihwasser-Schutzengel am hinteren Eingang, unter der Orgelempore. Ebenfalls von Hubert Gerhart geschaffen, wacht er würdevoll über alles, was hier in dem hoch energetischen Gotteshaus vor sich geht. Auch in der Nacht … Anmerkung: In der Nacht ist hier mehr los, als sich der normale Münchner träumen lässt.

Eine mögliche Münchner Engerl-Tour von hier aus: Schutzengel der Michaelskirche, Schutzengel in der Bürgersaal-Kirche: Die Schutzengel-Gruppe von Ignaz Günther in der oberen Bürgersaal-Kirche ist wirklich sensationell wegen der ihr innewohnenden genialen Bewegungsführung. Das kostet Sie als Engerl-Pilger in München eine gute Engel-Stunde, denn von dieser Himmelsstelle, da der Günther-Engel steht und himmelhelfend wirkt, kommt man nicht so schnell weg! Platz-Wechsel: Action-Putti der Mariensäule. Die vier übereifrigen himmlischen Bodyguards dreschen ein auf Krieg, Hunger, Unglaube, Ketzerei, alles zumeist in Drachengestalt dargestellt. Einer dieser Drachen ist gar ein Basilisk, ein bitterböses Mischwesen zwischen Drache und Gockelhahn! Lassen Sie dies auf sich wirken und in die aufnahmebereite München-Seele rieseln. Dann weiter.

Noch mehr Engel? In der Dreifaltigkeitskirche. Es grüßt sie wieder der gestrenge Michael schon an der Fassade, zehnfach posiert innen das muntere Flattervolk um den Hauptaltar. Engeleien in der Damenstiftskirche am Altheimer Eck. … Selber suchen und finden! Gibt es einen Engelspfad? Neben dem Geschichtspfad einen »Münchner Engerlpfad«? Gehen Sie in die Sendlinger Straße, schauen Sie die Engel der Asamkirche (hier schneiden Engel als knallharte Himmelsboten

und -Vollstrecker den Lebensfaden ab, o weh). Die alte Idee, das »Leben« als einen sich abspulenden Faden darzustellen, ist ein faszinierendes Bild-Symbol, aber nicht unbedingt ein christlich geprägtes, wie folgende Wikipedia-Definition zeigt:

»Der Lebensfaden ist in der griechischen und römischen Mythologie Symbol für das menschliche Leben. Er wird von den drei Moiren bzw. Parzen gesponnen. In der Ilias des Homer werden sie daher auch als Kataklothes (Κατακλῶθες »Zuspinnerinnen«) bezeichnet. So legen sie nicht nur die Länge des menschlichen Lebens fest, sondern auch dessen Beschaffenheit. Glück und Unglück teilen sie so den Menschen zu. Das Motiv wird später ähnlich in der Edda von den Nornen übernommen.« *(Wikipedia)*

Der Kraftort-Freund denkt dabei an die »Drei Beten«. Interessant, dass der Begriff »Lebensfaden« heute zumeist für Therapie-Formen auftaucht. Was wohl ein g'standenes Barock-Engerl davon halten würde?

Englischer Rundparcours: Wieder ins Zentrum zur Heiliggeistkirche, wahre Engels-Scharen und Chöre warten im Alten Peter auf den suchenden Engelspilger. Besuchen Sie das altehrwürdige St.-Georgs-Kircherl in Bogenhausen, dann die geflügelten Kollegen von der Marienkirche in Thalkirchen und alle die vielen Blasengerl überall in der Stadt. Himmlisches Vergnügen! Wie wär's denn als Abschluss der Münchner Engel-Tour mit dem Friedensengel hoch über der Prinzregentenstraße am Isar-Hochufer? Am östlichen Ende der Sichtachse »Prinzregentenstraße« erinnert der strahlende Goldbursche als Pfählung eines linksdrehenden Kraftortes an 25 Jahre Frieden nach dem Deutsch-Französischen Krieg von 1870/71.

Engel sind Himmelsboten, sind Geheimagenten Gottes. Sie überbringen den Willen des Schöpfers, zumeist recht still und diskret. Geist-Träger treten dezent auf, Barockengel indes tröten mit lauten Posaunen. Die Süddeutsche Zeitung konnte respektlos vom »himmlischen Jauchz- und Jubelpersonal« sprechen. Doch Engel als Dienstboten? Eher nicht.

Sollten Sie als Abschluss des Engelpfades zur Michaelskirche zurückkehren oder sich in Gedanken nochmals dorthin beamen: Michael schmeißt Luzifer hinab – wohin? Aufs Pflaster von München. Da ist er heute noch. Der Deifi gäht um »wie ein brüllender Löwe«. Jetzt wissen Sie, warum Bayern voller Löwen ist. Natürlich, da regiert der gefallene Lichtengel, wo der extreme Mia-san-mia-Materialismus ein verführerisches Biotop geschaffen hat: in München! Fühlbar, effizient, münchentypisch und zeitübergreifend größenwahnsinnig. Man findet ihn überall. Eine Münchner Teuferl-Tour wäre wohl auch eine gute Idee (beginnend bei den Wasserspeiern am Rathaus) … Bleiben wir aber lieber bei den anständigen Engerln!

Haderner Wald

Ein »Gekreuzigter ohne Kreuz«

Was für eine schöne und vielsagende Theologie! Ein Gekreuzigter ohne Kreuz. Tatsächlich hat der kleine gusseiserne Jesus, der hier im Haderner Wald zu finden ist, sein irdisches Kreuz längst überwunden. Ganz einfach deshalb, weil das hölzerne Kreuz, an dem er dereinst befestigt war, längst verrottet und dann irgendwann gänzlich verschwunden ist. Einfach weg – durch den Zahn der Zeit! Die Eisenfigur des Heilands aber ragt mit weit ausgestreckten Armen aus dem Holz der vom Sturm gefällten Fichte … Gewachsener Glaube also.

Irgendwann, es muss in den letzten Tagen des Zweiten Weltkrieges gewesen sein, ist hier an einer Schnittstelle zwischen Haderner Wald und Lochhamer Schlag Entsetzliches passiert. Man munkelt von heimlichen Waffenverstecken unter großer Zeitnot, von Plünderungen und der üblichen Gier; man weiß um eine durch Kriegswirren und rechtsfreie Räume geborene Habsucht, erzählt auch von »schwarzen« Schiebungen und von sinnlosen Hinrichtungen. Hier in der Abgeschiedenheit des Waldes fand das Böse dereinst einen Hort. Die Süddeutsche Zeitung, die über das Waldstück recherchiert hat, berichtete, dass es um »von Soldaten zurückgelassene Waffen« gegangen sei. Und Bürgermeister Josef Schmid erinnert sich noch sehr genau an die Warnungen seiner Eltern vor dieser dunklen Waldstelle: »Da wird geschossen!« Üble Energie!

Vielleicht, um Heil zu stiften, hat dann eine nie bekannt gewordene fromme Person das kleine Kruzifix, einen etwa dreißig Zentimeter großen gusseisernen Heiland am Kreuz (solche doch erschwinglichen Kruzifixe waren damals recht verbreitet), in den Stamm einer noch jungen Fichte gesteckt. Der Krieg ging zu Ende, Gott sei Dank, die dunklen Vorfälle wurden vergessen, der Ort sah nur noch erholte Spaziergänger, die hier an diesem eigenartigen Platz, der Leid und Erquickung gleichermaßen zu spenden vermag, frische Waldluft atmeten. Der Baum wuchs und schloss das Heil bringende Kreuz in seinen bergenden Stamm immer mehr mit ein.

Es wird aber gesagt, dass all die vielen Jahre über, also gut fünfzig Jahre lang, unbekannte Personen Blumen an der Stelle abgelegt haben sollen. Dort, wo die Fichte stand und wuchs und wo dieser starke Baum Jesus (zunächst mit, dann ohne Kreuz) eine Heimat gab – da entstand jetzt ein heiliger Ort. Zunächst heimlich. Pilger wussten die Stelle zu finden und fanden seltsamerweise auch Frieden und Trost – oft auch Heilung. So zog die starke und inzwischen hoch gewachsene Fichte mit dem Heiland immer mehr Menschen an. Ein heimlicher Gnadenort war entstanden, zunächst wirklich ein Geheimtipp, zumal nur für

Ortsansässige ein Begriff. Nachdem der verheerende Herbststurm »Wiebke« den Baum entwurzelt hatte, entstand mit dem abgesägten Stück Stamm, das den eingewachsenen und inzwischen längst kreuzlosen Christus trug, ein Marterl. Das wuchtige Stück Baumstamm ward mit Armierungen im Waldboden verankert und trug nun ein kleines Dach. Diese sichtbare Mahnung zu Gebet und Einsicht zog nun immer mehr Menschen in heiligen Bann. Eine Wallfahrtsstätte wuchs wie von selbst. Wuchs, wie guter Glaube wachsen muss, auf natürliche Weise, so, wie ein starker Baum im Wald wächst und nach oben strebt zum lebendigen Licht. Wie »von oben« gewollt!

Da der Ort ein Segensort und Platz der Heilung geworden war, entstand zwei Jahre später eine kleine und lieblich anzusehende Kapelle. Die birgt jetzt den Stamm mitsamt der umwachsenen Christusfigur, die, so ganz ohne Kreuz, irgendwie gar fröhlich wirkt. Als wolle der Heiland mit zwei weit ausgebreiteten Armen die ganze Welt segnen. Zumindest aber dieses Waldstück. Wundergeschichten gibt es seitdem genug von dem Ort, den Sie vom alten Pasinger Friedhof am Haidelweg aus in einem anderthalbstündigen Spaziergang erreichen. Am besten den Friedhof vom Haupteingang Haidelweg her gerade in west-östlicher Richtung durchgehen, dann Ausgangspunkt östlicher (hinterer) Eingang an der Blumenauer Straße. Immer südlich auf den Wald zu. Irgendwann kommt eine Unterführung durch die Lindauer Autobahn hindurch, dann ein Stück in den Wald (es wird herrlich ruhig), dann den ersten Weg rechts. Der führt direkt zum Gnadenort.

Der Wald, der ist nicht nur hier. Er existiert auch im eigenen Kopf – und verlaufen kann man sich im Dickicht der eigenen Laster doch ziemlich schnell. Christus weist den Weg. Jeder trägt sein eigenes Kreuz. Und jeder wird sein Kreuz irgendwann irgendwie los. Wie, das soll man dem lieben Gott überlassen. Und Jesus ist überall. Vor allem in dir selber. Wo denn auch sonst? Wenn du in seinem Sinne handelst, spürst du diese wunderbare Wärme.

Gebet: Zeit eilt, teilt, heilt. Dieses wunderschöne Klangbild über die heilige Funktion von »Zeit« findet sich über dem Eingang zum Schwabinger Krankenhaus. Zeit hat das Kreuz des Haderner Gnadenortes beseitigt. Ist es nicht so, dass »mit der Zeit« jeder sein Kreuz überwindet? Welcher Trost: Gott, hilf mir bitte, den heilenden Auftrag der eilenden und teilenden Zeit zu erkennen! In der Ewigkeit weiß ich dann mehr. Jesus, du hast das Kreuz auf dich genommen, um uns zu erlösen. Mag es auch ein natürlich bedingter Zufall sei: Hier im Lochhamer Schlag, da sieht man dich ohne Kreuz. Was für ein wunderbarer Gedanke! Menschen kommen her und beten zu dir, finden Erhörung und Heilung. Einfach nur mit dir selbst und dem, was du gesagt hast und gedacht, Jesus Christus.

Wohin auf Erd auch immer
Der Menschen Wege gehn
Glückselig alle jene
Die auf den Heiland sehn

Ammersee

Die zeitlose See-lenwirkung des Sees

Der Ammersee kann wie ein magisches, energetisches »Kraftwerk« gesehen und erlebt werden. Ist dieser zum Starnberger- oder treffender Würmsee parallel liegende, von Würm-Eiszeit-Gletschern herausgeschliffene, von Endmoränen gesäumte Urzeiten-See doch rundum mit keltischen Kult- und Ritualstätten, mit Hügelgräbern und Ringwällen, dazu mit bis heute wirkkräftigen Keltenschanzen, magischen Baumkreisen, zahlreichen Wunderorten und kosmischen Einstrahlungspunkten und Himmels-Schleusen (Raisting) umgeben.

»Entstanden ist der Ammersee wie andere Seen des bayerischen Alpenvorlandes mit dem Abschmelzen der eiszeitlichen Gletscher. Das Seebecken wurde als typischer Zungenbeckensee in der Saale-, Riß- und Würm-Eiszeit vom Loisachgletscher, der sich als Teil des Isar-Loisach-Gletschers aus der ›Garmischer Pforte‹ bis weit ins Land erstreckte, ausgeschoben. Vor etwa 16.000 Jahren begann das Eis langsam zu schmelzen, und vor rund 14.000 Jahren umschlossen die zurückgebliebenen Seiten- und Endmoränen dann eine Wasserfläche.« *(Wikipedia)*

Zur zeitlosen See-len-Wirkung dieses Sees kommt die ewige Kraft des Wassers, seine Welten widerspiegelnde Polarität, zusammen mit dem als spirituelle Essenz jedem einzelnen Tropfen einbeschriebenen Sinn.

Das ist der verborgene und doch offensichtliche, allem Seienden inhärente Schöpfungsgedanke und Lebens-Sinn – letztlich der Wille Gottes.

Rundfahrt (Beginn variabel)

Schondorf. Auf heiligem keltischen Hügel eine Templerkirche St. Jakob. Sie stehen und gehen »begehend« ein Urstück des »Bayerischen Jakobsweges«, der hier am Ammersee-Westufer von Odilo Lechner eingeweiht wurde. Die wuchtige romanische Kirche aus dem Jahre 1100 gilt als einer der besterhaltenen romanischen Sakralbauten, nicht nur im Alpenvorland. Ein magisches Erlebnis ist der Raumklang. Die Kirche mit Infra-Schall ist ein »Sounding Board« der eigenen Seele.

Utting. Die größte Keltenschanze Oberbayerns. Der Sinn und das Geheimnis dieser Kultstätten werden hier offenbar. Mehr zu Utting finden Sie im Kapitel »Utting am Ammersee« in diesem Buch.

Dießen und Umgebung, vor allem der magische »Schatzberg« (Iringsberg, das Wort entspricht »Eurasburg« – das wahre Geheimnis von Andechs). Er ist von jeder Stelle der Wasseroberfläche des Ammersees deutlich zu sehen.

Wer hier, am besten beim Kloster Dießen beginnend, den wunderbaren Weg hochgeht, kommt an der heilenden Mechthildisquelle vorbei, entdeckt den monumentalen keltischen Ringwall und den Mauerrest der Sconeburc (»Schöne Burg«). Wir stehen auf vorzeitlich keltischem Kult-Gebiet, dessen beredte Sagen die Kraft des Ortes erzählen. Hier waltet die Kraft von Urmutter Erde (Gaia), wie so oft durch die Drei Beten symbolisiert. Die dunkle Sage von Schatz, wie er im Schoß der Erde verborgen ist, erinnert an die Beten-Sage vom Karlsberg direkt bei Leutstetten. Wir finden neben dem Ringwall, den Mauerresten der Frühburg, neben ausgewiesenen Hexen-Tanzplätzen alte Kultstätten und erkennen die frühgeschichtlichen Kommunikationswege der Kelten von Berg zu Berg.

Die geheime Kraft der Mechthildis Quelle (Wunschhold-Brunnen) begegnet uns wieder im Münster von Dießen beim Mechthildis-Stein: Hier erfahren Frauen Heilung vom Kopfweh. Denn alles heilt hier im Umfeld, alles zieht nach oben: Der Andechser Heiligen-Himmel lehrt die Leichtigkeit des Seins. Eine luftige Himmelsleiter mit dem Auf und Ab der Engelsmächte. Und die Jakobsfigur in Mariazell beweist: Hier sind wir auf dem richtigen Weg. Dem Jakobsweg.

Südspitze des Ammersees: Das Schiff nähert sich der Südspitze des Sees: Auf tut sich der Blick auf die Alpenkette. Die energetische »Masse« (durchaus im physikalischen Sinne, das unglaubliche Gewicht strömt spürbar bis ins Becken des Sees), diese Gewichtigkeit des Erdalters, erreicht uns und nimmt uns gefangen. Die Zugspitze ist deutlich zu erkennen. Wir imaginieren Grainau unweit von Garmisch, den Badersee mit seinen unterirdischen Quellen, auch die Nixe im See, die König Ludwig II. mit seinem großen Wissen um die Kraft und Energie des Ortes versenken hat lassen. Zur Rechten die Allgäuer Alpen.

Wir spüren, durch den Kontakt mit dem Schiff und damit dem Wasser des Lebens um ein Vielfaches verstärkt: Hier am südlichen Ende des Ammersees, dort, wo das urweibliche Gletscher-Becken die Ammer aufnimmt, da ist der Gedanke der Schöpfung ganz nahe. Nicht umsonst führt hier der originale Jakobsweg, wie er schon auf alten Karten des Mittelalters aufscheint, vorbei. Aber wir spüren mehr: Kraftfluss und »Herrschaftswissen« der Berge und der Gletscher, fließende Energie. Die Drachenkraft auf der Drachenlinie.

Der imaginierende Blick Richtung Allgäu lässt uns vor dem inneren Auge die Königsschlösser sehen! Das magische Wissen des unsterblichen Zauberkönigs umweht uns wie der sanfte Fahrtwind … Dazu merken wir Abstrahlung von Wessobrunn (Quellkraft, Tassilolinde, Mythen); wir fragen zu Recht: Warum ist hier der Beginn der deutschen Sprache? Der berühmte Schöpfungsmythos kann nur da entstanden sein! Weithin schneeweiß strahlende Satellitenschüsseln von Raisting verraten den kosmischen Einstrahlungspunkt.

Pähl. Wir sehen lange schon die machtstrotzende »Pfählung« in der Landschaft, Burgschloss und

Turm auf erhabenem Hügel das südliche Ostufer dominierend, erahnen das Geheimnis dieses Schlosses mit dem typischen dunklen und spitzen Turm. Hier in unmittelbarer Nähe befindet sich das »Freigrab« von Karl Haushofer, dem »Meistermagier der … Partei«! (Ravenscroft, S. 231). Uns erreichen spürbar die Auswirkungen »deutscher« Geomantie, von Geo-Politik, all dem geomantischen Machtmissbrauch in der deutschen Vergangenheit. Warum haben die Haushofers hier ein Freigrab? Was die Geschichte verhüllt, gibt das morphogenetische Feld der Umgegend frei, spürbar bis hin zum Schiff, das an der Südspitze des Sees die Umkehrschleife zieht.

Blick auf **Mitterfischen.** Weit vom See her sichtbar: St. Pankratius. Es wird von blauen Lichterscheinungen zu bestimmten Zeiten berichtet … Blau? Vielleicht die Farbe des Eises, denn Pankratius gehört zu den fünf Eisheiligen. Der magische Ort, wie er heute die Kirche trägt, deren auffallend hoher Turm die Drachenlinie »pfählt«, war früh von Andechser Ministerialen, den »Herren von Viscon«, besetzt. Deren frühe Burg stand wiederum auf einem hoch aktiven keltischen Kultort, der bereits in der Bronzezeit die Seelen griff und weit über Raum und Zeit hinaus wirksam ist. Ein blaues Tor zur Ewigkeit.

Aidenried. Sage vom einem bösartigen Untoten, der den Lebendigen einfach die Schaufel auf den Kopf haut. Seltsame Erscheinungen, vor allem die Speisekarte der Gaststätte mit dem überirdisch schönen Seeblick und die Verrisse des dortigen

Unessens im Internet. Ist aber nicht so schlimm, wir sind ja auf dem Schiff.

Wartaweil. Wie der Name sagt: Lass dir Zeit! Entschleunigung im heiligen Sinne von »Sich-Zeitlassen« ist das Grals-Geheimnis, denn die Grals-Schale birgt das große Mysterium der Zeit. Wer den Gral finden will, muss sich Zeit nehmen. Und wer sich Zeit nimmt – der hat ihn schon.

Andechs. Der wohl berühmteste magische Ort hoch über der Ostseite des Ammersees hat – wie könnte es anders sein? – eine aufregende heidnisch-keltische Vorgeschichte. Denn von hier aus ließ sich immer schon das Land beherrschen, materiell-körperlich, vor allem aber geistig! Andechs gibt nicht die Macht: Andechs *ist* die Macht. Die geomantische Besonderheit der speziellen Lage auf der eiszeitlichen Endmoräne und deren morphogenetischem Feld verleihen Andechs diese unglaubliche Dominanz, wie sie bis auf die Planken des Rundfahr-Schiffes spürbar ist.

Was Andechs so begehens- und begehrenswert macht, ist – nein, keineswegs das Bier, wie viele meinen, denn der Alkohol verhindert jede Sensibilität für Ort, Historie und Histo-Geomantie – der Schatz! In Andechs lagert ein Schatz, der aber ruht keineswegs in der Schatzkammer, sondern im Kopf. Wer den haben will, muss durchaus den richtigen magischen Ort finden, dort aber soll er nachdenken. Wer den »Inneren Schatz« von Andechs begehrt, der wird paradoxerweise am gegenüberliegenden Ufer fündig: Auf dem Schatzberg bei Dießen.

Herrsching. Die Bucht, eine vorzeitlich-keltische Vergangenheit, der einmalige Steg, der die Verlängerung der Hauptstraße darstellt und über die Wasserfläche des Sees irgendwie »hinaus« in die Ewigkeit zu führen scheint. (Tut er es? Ist die Ewigkeit »drinnen« oder »draußen«; ist sie überall oder nirgends …?) Neben der Lage und der Seehof-Musi lädt eine bewegte Geschichte zum Nachdenken, wie sehr immer wieder der magische der Ort die Historie bedingt: Spuren aus der Bronzezeit, vor allem der Hallstatt-Zeit, unterhalb von Widdersberg Erd-Zeugen einer lebhaften »heidnischen« Vergangenheit. Dort, wo der Kienbach in den See mündet, bedingt die extrem linksdrehende Energie eine deutliche Dreh-»Bewegung« der Bäume. Der Zwillings-Stamm auf dem linken Flussufer direkt bei der Einmündung windet sich genau zweimal links um die eigene Achse.

Breitbrunn. Hier fühlt man sich als König und darf es auch gern sein. Der »Jaudes-« oder »Königsberg« in – oder vielleicht besser – über Breitbrunn gewährt einen wahrlich königlichen Blick über den gesamten See. Bei Föhn auch bis tief hinein in die Alpen.

Utting am Ammersee

Das Tal des Lebens

Utting und die kleine, aber feine Kirche St. Leonhard finden sich am westlichen Ammersee an der Hauptstraße, die von Schondorf über Utting nach Holzhausen und Riederau bis Dießen mit dem magischen Schatzberg führt. Die Uttinger Keltenschanze habe ich bereits in »Keltenkulte in Bayern« beschrieben und will mich nicht wiederholen. Wir beginnen den spirituellen Spaziergang an der Kirche St. Leonhard in Utting.

»In herbstliches Sonnenlicht getaucht präsentierte sich der Mühlbach im Abschnitt ›Tal des Lebens‹ bei der offiziellen Erstbegehung wie gemalt. Munter sprudelte das Wasser, buntes Herbstlaub setzte Farbtupfer und stellenweise waren die grünen Wiesen noch vom Raureif bedeckt. Im schönen Herbstwetter hatten einige Interessierte (…) sich auf Einladung von Uttings Bürgermeister Josef Lutzenberger zur Mittagsstunde am Wegeanfang eingefunden …« *(*Ammersee-Kurier*)*

Man sollte dazu wissen, dass das gesamte Ammersee-Gebiet mit einem »spirituellen Kraftwerk« vergleichbar ist. Die besondere Kraft geht von Andechs aus … geht sie? Längst nicht mehr. Kenner wissen, dass das »Dritte Gitter« seine morphogenetischen Felder viel mehr auf dem Schatzberg, also genau westlich gegenüber von Andechs, entfaltet und einer Verbindungslinie zwischen den Keltenkultorten von Finning, Achselschwang, Utting (später Schloss Seefeld über dem Pilsensee) Folge zu leisten hat.

»Das Dritte Gitter ist ein Reizstreifen, der eine maximale Breite von etwa dreißig Metern hat. Wir kennen ihn auch unter dem Namen ›Wachstumslinie‹ (WL) oder ›Leyline‹. Dieser Reizstreifen hat eine unregelmäßige Maschenbreite und ist besonders an Wegkreuzungen, Marterln, Kapellen und in Kirchen sehr gut zu spüren.« (EFODON-SYNESIS Nr. 2/2001) Und wer sensibel ist, der staunt, neben dem Prickeln und der Aufladung, über eine fühlbare Kälte, die in Richtung Seeufer zunimmt und an der viel befahrenen Straße und der kleinen Wallfahrtskirche bei St. Leonhart eine seltsam »kalte« Klimax erreicht hat. »Diese Kälte, die von dem besagten Dritten Gitter hervorgerufen wird, belebt das vegetative Nervensystem. Es ist weniger die kalte Kirche als dieses besonders positive Gitter, das diese Menschen spüren.«

Die efodon-Leute gehen davon aus, dass eine der hochwirksamen Wachstumslinien (Drachenpfade, leylines) von Andechs ausgeht, am anderen, dem westlichen Seeufer die Kapelle St. Leonhard trifft und dann bis zur Keltenschanze von Achselschwang führt. Sie folgen automatisch der Kraftlinie, wenn sie von St. Leonhard aus die Straße überqueren und dann den schmalen Pfad finden, der Sie genau Richtung

Osten, also in See-Richtung, führt. Bald sind Sie in einem weiten, anmutigen, die Seele streichelnden Tal, einer Schlucht, einem mentalen Tunnel – letztlich in Ihrer eigenen Psyche. Nicht vergessen: Der Kraftort entspricht stets Ihrer inneren Disposition!

Sie überschreiten die Brücke über den Mühlbach und über-brücken Ihre Gehirnhälften. Auf diese sanfte Weise, sich geomantisch leiten lassend, »ganzheitlich« geworden, gehen Sie weiter, finden die Öffnung, die Weite: den wunderbaren Ammersee.

Andechs

Energetischer Gegenpol der »Sconeburc« auf dem Schatzberg

Andechs, der heilige Berg. Wer kennt die Stätte nicht? Schräg gegenüber auf der westlichen, energetisch viel »weicheren« Seite des Ammersees und ebenfalls auf magischem Berg, dem Schatzberg, der übrigens den wahren (!) Schatz von Andechs birgt: die Sconeburg (Schöne burg). Dort, auf einem Mauerrest, die Zahl 1158, auch bekannt als das sogenannte Gründungsdatum von München. (Denn München ist älter, und Andechs ist noch um Äonen älter, als die lächerliche Historie angibt …) In Andechs (1080 wurde der Name Andehse erstmals urkundlich erwähnt) allemal.

Kraftorte sind Zeiten-Schleusen: Wir fahren in die Vergangenheit (die im Jetzt ebenso schläft wie die Zukunft): Tausend Jahre bewegte bayerische Geschichte am Schicksals-Ort, schillernd im 7-farbigen Streulicht des Zeiten-Prismas. Nach der langen heidnischen, vorchristlichen Vergangenheit standen stolz auf beiden Seiten des Ammersees, eben dort, wo Andechs wuchs und auf dem Schatzberg – Burgen.

Zugegeben, Burgruinen sind gemauerte und zu Stein gewordene Magie. Magie im eigentlichen, ja sogar im »dunklen« (ich vermeide zu sagen: im schwarzen) Sinne: Zugriff auf die Innenwelt des Betrachters. Und Willensbeeinflussung, Kanalisierung der Gedanken. Beim Anblick einer Burg ist jeder gebannt, ganz im Gegensatz zu allen anderen Arten von Wohngebäuden quer durch die Jahrhunderte. Nur kunstgeschichtliche Highlights kennen eine vergleichbare Faszination des Hinschauenmüssens. Burgen sind aber allen anderen Steinzeugen menschlichen Wohnens und Schutz-Suchens weit überlegen. Das ist die in den verrottenden Stein einbeschriebene Kraft des Hinschauenmüssens, des Versinkens in eine Zeit des Damals – die aber sofort zur Jetztzeit wird und aus diesem virtuellen Kraftort scharfe Pfeile des Wollens in die Zukunft abschießt.

Die Grundmauern des Hauptgebäudes, das den heute überdachten Innenhof mit der Freitreppe trägt, erinnern an die Burg-Vergangenheit. Die bannende Optik des gesamten Andechs-Ensembles geht letztlich auf die Kraft einer Burg zurück, deren Herrscher allerdings ausgerottet wurden. Nicht aber geistig-mental, denn das geht nicht. Die phantastische Kraft und Stärke, der Herrscher-Wille der ehemaligen, um das Jahr 1000 »geschleiften« Burg wabert immer noch. Da kann sich das bekannte Bier-Andechs noch so gemütlich, meinetwegen kunstbeflissen, auch »heilig« (o weh!), ja sogar wundertätig geben: Es ist und bleibt ein extrem brutaler, gar schwarzmagischer Ort der Macht. Siehe auch die letzten zehn Jahre … und die Macht der Natur. So liegt Andechs auf einem magischen Höhenrücken zwischen Ammersee im Westen und Starnberger See im

Osten. »Zwischen den Wassern«, dazu die Ur-Energie des Kienbaches und des unheimlichen Tales, das der Fluss in die Moränenlandschaft aus uralten Gletscherablagerungen des Isar-Loisach-Gletschers geschnitten hat.

Andechs und das Geheimnis: Der auf die Kreuzzüge zurückreichende Schatz in der Schatzkammer ist legendär, lenkt aber im Grunde nur ab. Andechs birgt das Geheimnis der Heilung, denn das Apothekenhaus steht immer noch ganz oben. Und das wahre Geheimnis von König Ludwig II. (der sogar hierher umgebettet worden sein soll).

Ein Schatz, wenn es ein wirklicher Schatz ist, hat das Potenzial der Bewegung. Ein bewegender Schatz – das sind heute keine Mitbringsel mehr von Kreuzzügen: die neueste Aktualität im November des Jahres 2013, der unglaubliche Schatz unbezahlbarer, überhaupt unschätzbarer Kunstwerke, deren Verbleib mit der »dunklen deutschen Vergangenheit« zusammenhängt. Hier in Andechs habe ich schon vor Jahren Gerüchte gehört. Sogar eine Liste soll es geben …

Widdersberg bei Andechs

Heilung folgt oft der Ein-Sicht

»Von Widdersberg ein Weib stockblind
Das Augenlicht hat wieder find't.«

Zählen Sie die »i«-Klänge in der oben genannten heilenden Intonation. Denn der scheinbar so harmlose Zweizeiler ist, wie so oft bei derartigen Bildunterschriften oder bei alten Kindergedichten und Aufzählversen zu beobachten, ein heilendes Klangbild. Übrigens finden Sie das Reimpaar bei einem der Mirakelbilder des Brüstungsumlaufes im Inneren der Klosterkirche von – Andechs.

Haben Sie inzwischen nachgezählt? Sieben (!) Mal die i-Assonanz. Denken Sie an i-klingende Worte wie Hilfe, sicher, Mitte, bitte, auch ich … Zufall, der i-Klang …?

Doch nun zur Sage, die wie immer alles Wesentliche aus-sagt:

Es erging einmal zur Nachtzeit die Mahnung an ein blindes Weib zu Widdersberg: »Wenn du dein Angesicht (Augenlicht) wieder erlangen willst, so gehe auf den Berg Andechs! Zur linken Seite des Altares der seligsten Jungfrau wirst du einen Wacholderstrauch finden; ziehe denselben heraus, nimm die Erde an den Wurzeln des Strauches, berühre damit deine Augen, und du wirst das Gesicht wieder erlangen!«

Was für ein immenses Wissen über Magie, Heilung, »Naturmedizin« in diesen wenigen Zeilen steckt, das ahnen nur solche Kraftortfreunde, die mit Grundzügen der »Heilkunst mit den Mitteln der Erde« vertraut sind. Dabei soll dies keine Anleitung sein, bei Augenbeschwerden nicht unverzüglich einen mit allen technischen Mitteln ausgestatteten Augenarzt aufzusuchen! Der Text trägt eine versteckte Botschaft, die offen-sichtlich (wieder das Sehen!) ist – und damit so versteckt.

Den Ort der Heilung finden Sie aber auf einem heute noch gangbaren Hügel, dem »Burabichl«, der einst die Burg der Widerspercher Herren trug, an dem magischen Weiher auf halber Höhe zwischen der Straße von Wessling nach Herrsching und der oben gelegenen Kirche St. Michael. Sie biegen, ab Wessling Richtung Herrsching fahrend, nach Seefeld kurz vor dem Pilsensee nach links ab. Das Richtungsschild »Widdersberg« ist unübersehbar – und die überlebensgroße Plastik einer steinernen Nixe, die den Weg weist zur weiblichen Erdkraft. Finden Sie den kleinen Weiher, jeder Umweg ist von der »Höheren Macht« so gewollt.

»Nach einer Stärkung in einer Einkehr in Widdersberg lässt sich zum einen die verschwundene Burg hinter dem Dorfweiher besser verkraften, zum anderen der kleine Aufstieg über den Weinbergwald. Ja, am Burghügel, wo einst die Widddersberger Burg stand, waren schon

»Schatzgräber« unterwegs. Vergeblich blieb die Suche nach kostbaren Überbleibseln der Burgherren, die Aufzeichnungen zufolge bereits 1328 ausgestorben sind. (*www.merkur-online.de*, 5.4.2010)

Schatzgräber, besser: Schatz-Sucher und -Finder, sind Sie heute selber. »Vom Himmel durch die Welt zur Hölle …«, hat ein großer Denker gesagt. Und dem Gedanken-»Gang« können Sie hier folgen: Der Höllgraben vor der Seefelder Burg zieht Höllenenergie (die muss gar nicht so negativ sein), der »Himmlische Krieger« Michael in der Widdersberger Bergkirche pfählt Gaia, das weibliche Prinzip – die Erde.

Geht Ihnen ein Licht auf? Wer aber trägt es, dies illuminierende Himmelslicht?

Zurück zur Sage: Das Augenlicht (wieder das Licht!), die Einsicht, das Erkennen, wenn Sie so wollen: die Gnosis.

Der Berg, der Heilige Berg, vom Sinai bis nach Andechs zieht sich der Denkpfad des Grals.

Die Jungfrau steht für Reinheit, ohne die nie eine rechte Erkenntnis (Einsicht) kommt.

Und die Wurzel: Packen Sie alle Probleme an der Wurzel und nicht »oben«, also an der Auswirkung, am Symptom.

Nebenbei: »Problem« heißt wörtlich »Vorsprung«. Wenn Sie ein Problem haben, dann sind Sie stets einen Schritt weiter! Sie stehen zwar am Abgrund – haben aber den besseren Überblick. Probleme, Misslichkeiten, Krankheiten an der Wurzel packen: Mit der richtigen und ehrlichen Sicht-Weise ist's möglich.

Starnberger See

Drachenenergie auf dem Würmsee

Die Fahrt beginnt am Dampfersteg *Starnberg.* Neben einer meditativen Besinnung wird die Geschichte und Magie von Starnberg beleuchtet: Wie schafft es ein Ort mit solch hervorgehobener Lage, so negative Energien zu entwickeln? Ist es nur das Bahngleis, das den Ort an schönster Stelle, unmittelbar hinter der Uferpromenade, durchschneidet? Oder steckt mehr dahinter?

1226 ist der Ort erstmals in einer Urkunde aufgetaucht. Ohne die »Andechser« (und deren Herrschaftswissen, das alles andere als gemütlich ist), geht nichts in der Historie. Tatsächlich sind hier ähnliche Energien spürbar wie auf dem sogenannten »Heiligen Berg« am östlichen Ammersee-Ufer (siehe dort). »Bevor Starnberg seinen heute üblichen Namen erhielt, hieß es Aheim am Würmsee. Seit 1246 war die Burg in Starnberg in Wittelsbacher Besitz.« *(Wikipedia)* Aheim am Würmsee … was für eine passende Bezeichnung.

Warum zieht das westliche Ufer eine ganz andere Sorte von (natürlich ebenfalls reichen) Anrainern an? Verleger, Filmschaffende, Schauspieler und Autoren? Warum eher Künstler und »Kreative«? Auch Ludwig II. ist gerne zur Roseninsel in der Nähe von Feldafing gekommen. Sogar schwimmend …

Das bekannte Tanz- und Treff-Areal Undosa-Bad, ganz in der Nähe des Starnberger Dampferstegs, hat eine illustre Geschichte: »1888 wurde an der Stelle des heutigen UNDOSA eine erste Badeanstalt erbaut. In dieser wurde strikt auf die damals noch übliche Geschlechtertrennung geachtet. 1905 entstand nach umfangreichen Bauarbeiten das ›UNDOSA-Wellenbad‹ Es war das erste Bad in Deutschland, das Wellenschlag durch eine Wellenmaschine erzeugte. Daher kommt auch der lateinische Name des UNDOSA Seerestaurants: ›Unda‹ = die Welle/›Undosa‹ = die Wellenreiche …« *(www.undosa.de)*

Nach mehreren Besitzern und Umbauten, vor allem der Seepromenade, ist es heute eine Event-Lokation am »magischen Ort«. Wer mit älteren Mitbürgern spricht, kann dabei Aufregendes erfahren. Die Undosa-Website: »1933 landete die DO-X, das größte Flugschiff der Welt, am UNDOSA-Steg. Starnberger Bürger hatten an 3 Tagen die Gelegenheit, mit diesem Dinosaurier der Lüfte zu Rundflügen über den Starnberger See zu starten.«

Possenhofen und seine Bedeutung für Elisabeth: Das Schloss mit den typischen vier Ecktürmen ist heute eine Eigentums-Wohn-Anlage. Die Energien sollen nicht besonders sein, sagen betroffene »Investoren«. Kein Wunder.

Das verzauberte Eiland **Roseninsel** hat eine heidnisch-keltische Vergangenheit, spektakuläre his-

LUDWIG II.

torische Grabungen, Pfahlbau-Reste unter Wasser machen das Eiland schon immer zum energetischen Eldorado für Kraftort-Sucher. Und dann das hier greifbare Geheimnis um Ludwig II. und Sisi: Eine Tafel der Guglmänner am Lidl-Haus in Berg erzählt, dass sich Ludwig und Sisi, die seelenverwandten Einzelgänger, immer wieder hier trafen.

Tutzing, der Johanneshügel und die Ilka-Höhe: Raum-Zeit-Tunnel für Wissende … der Johanneshügel lässt uns in die Zukunft »sehen«. Wir lassen, wenn das Schiff die Ilka-Höhe erreicht hat, bewusst das Gefühl des Getragen-Seins des Schiffes zu. Was ist ein Zeiten-Tunnel? Warum sind hier, wie auch am Untersberg nahe Berchtesgaden, »Gesichte«, Visionen möglich? Verschiedene Orte öffnen »Fenster«; diese »Un-Zeitigkeit« hängt, wie die Relativitätstheorie bewiesen hat, mit Geschwindigkeit und mit Masse zusammen.

Schloss und Geheimnisse um **Bernried** und die »lieb weinende Madonna«: Schön ist es ja wirklich nicht, wenn die Fischer vom See die Madonna mit dem aparten Äußeren, die irgendwann ein schwerer Gewittersturm dahergeschwemmt hat, der alteingesessenen Madonna mit gotischem Alter vorziehen. Und beide Madonnen, die »alte« und die »junge« Muttergottes, wären keine Frauen, wenn nicht ein Rivalitäts-Streit entbrennen würde um den angestammten Platz. Und damit um die Anbetung. Der wahre Kavalier betet jede Dame an, ob sie nun eine Madonna ist oder nicht. Wer dieser Geschichte auf den Grund gehen will, der schaut sich das Marienbildnis in der Klosterkirche an – und denkt nach.

Die kleine Kirche in **Seeseiten** ist Jakobus, dem immerwährenden Pilger mit Schlapphut, Wasserflasche und Muschel-Symbol gewidmet. Erstaunlich, wie weitverzweigt der berühmte, seelentransformierende Pilgerweg sich zeigt. Erklärung: Der Jakobsweg beginnt und endet überall: Viele (eigentlich alle) Wege führen nach Rom, ebenso nach Jerusalem oder eben nach Santiago de Compostela.

Die **Osterseen** sind Toteisbecken, ursprünglich mit den berühmten Gletscherseen des »5-Seen-Landes« eine Einheit bildend. Hier ist das Licht tatsächlich blau, blau im Sinne der Transzendenz und des inneren Erkennens, einer mystischen Schau. Die Magie und enorme »Flusskraft« des Drachensees (nichts anderes ist dieser Würm-See energetisch) gehen nicht zuletzt auf die Bewegungsrichtung gigantischer Alpengletscher-Massen zurück, die langgezogene Becken oberbayerischer Seen ausgeschliffen haben.

Wir lassen zu und visualisieren: Mentaler »Ausblick« auf die Schlösser des Märchenkönigs Ludwig II. im Südwesten. Und immer im Bewusstsein: Possenhofen und Feldafing (Sisi) und Berg (der Tod, der ihn so unsterblich machte wie eine religiöse Erlöserfigur …), Ludwig und das »Lola«-Prinzip im Sinne von René Egli: Ludwig hat beim Bau der Traumschlösser nicht gefragt: »Soll ich oder soll ich nicht?« Nein, er hat

gehandelt! So lernen wir von dem großen Eingeweihten: Nicht fragen, was »die Masse« denkt, sondern es einfach tun! Fakten schaffen! Hinterher ist die Masse nicht nur zufrieden, sondern sogar dankbar.

Der Gleichklang: **Eurasburg** und **Iringsberg** (Schatzberg) fällt auf: Korrespondiert Eurasburg mit dem Iringsberg am westlichen Ammersee-Ufer? (Das wahre Schatz-Geheimnis von Andechs!)

Ambach, Keltenkulte und die energetisch berühmte Degerndorfer Höhe: Das von vielen Gerüchten umrankte »Schlosshotel Oberambach« zieht Wissende und Okkultisten »wie magisch« an. Warum? Die nahe Degerndorfer Höhe mit der aus Bombenschutt des 2. Weltkrieges erbauten »Marienkapelle« ist ein Filetstück der immer beliebter werdenden Ausflugs-Ziele: »Magische Orte in Bayern«. Warum ist diese Kirche »gewendet«? Denn der Altar zeigt, im Gegensatz zu allen christlichen »Tempeln«, nicht nach Osten, sondern gen Westen.

Holzhausen, ein magischer Friedhof, wissende Tiere und eine vom Sturm gefällte tausendjährige Linde. Ein magischer Friedhof an einem Ort, der

Raum und Zeit schneidet. Früh erkannten Tiere die enorme Kraft des Platzes, so wurde hier die Kirche gebaut. Ein erster Bau ist bereits im Jahre 777 n. Chr. notiert. Die heutige romanische Kirche hat ebenfalls eine lange (Kraftort-)Geschichte. Die »1000«-jährige Linde fiel an einem Freitag des Jahres 1996 einem Sturm zum Opfer, die Energie aber bleibt. Visionen und »Gesichte« der Zukunft sind hier möglich.

Keltengräber in der Nähe des Buchsees bei **Münsing:** Der magische Buchsee (Buchen, Buch-Staben) ist nicht nur zum energetischen Baden da. Mehrere Hügelgräber im Wald zeugen von der Kraft der Ahnen. Ein Wissen, das verschüttet war und nun »an die Oberfläche« dringt. Die Zeit ist reif, »… die Raben fliegen wieder«. Die Hügelgräber am Buchsee korrespondieren direkt mit der berühmten keltischen Nekropole im Mühltal unweit von Leutstetten!

Schließlich als einer der spirituellen Höhepunkte **Berg:** Die Votivkapelle und das Geheimnis um Leben und Sterben des unsterblichen Königs Ludwig II. Kaum ein Ensemble existiert am Ufer des Würmsees, das von der Wasserfläche aus gesehen her so deutlich erkennbar ist und seine magische Wirkung entfaltet. Die Stelle, da der große Magier am 13. Juni 1886 das materielle Leben verließ und in dem Moment so unsterblich wurde wie Richard Wagner und eine Geistesrichtung ahnengebundenen Sehnsuchtswillens, der bis heute nicht nur Bayern lenkt (und kaum einer ist sich dieser »Lebendigkeit« bewusst!). Im flachen Wasser das Kreuz bezeichnet »die« Stelle … Darüber erhebt sich die neu-romanische Votivkapelle mit ihren wuchtigen Raumsummanden – wie ein Grals-Tempel.

Percha und die »Perchten«: Bevor das Schiff wieder Starnberg erreicht, ist am nördlichen Ostufer deutlich der behäbige Turm von Percha erkennbar. Der Name Percha gibt die herrschende Kraft des magischen Ortes »wilder« Frauen wieder: Perchten haben hier das Sagen (vgl. auch magische Orte wie Berchtesgaden, der Gaden der Perchten). Auch in Südtirol nahe Bruneck existiert ein Percha, dessen Ortsteil Wielenberg die wilden Frauen (Berchten, Saligen, Beten) erkennen lässt. Tatsächlich werden dort die drei Beten verehrt, ähnlich dem Kult um die drei Jungfrauen im nahen Leutstetten am Rande des Wildmooses (Wildmoos bedeutet für Wissende: Moos der wilden Frauen …)

Und nicht zuletzt beeindruckt die geomorphe Kraft des Gralsbeckens »Würmsee« zwischen Moränen der Eiszeit.

Schloss Ammerland am Starnberger See

Larifari am magischen Ort

Magischer Ort und Kasperl? Seit wann sind Kraftorte »Larifari« …?

Was verstehen Sie unter »Larifari«? Richtig, wenn Sie aus München oder der Umgebung der bayerischen Landeshauptstadt stammen, wenn Sie Kinder im Vorschulalter haben oder Enkel – auch wenn Sie selbst ein liebenswert-verspieltes Kind geblieben sind: den Kasperl Larifari. Dieser Kerl mit der spitzen Zipfelmütze und der unverdorben bayerischen Aussprache. Der Kasperl führt eine immer schon bestehende und nie endende Ehe mit einer treuen Frau namens Gretl. (Margarethe mit dem Wurm …? Oder gar Gretchen aus dem Faust?)

Kasperl Larifari also ist die speziell von Münchnern so genannte Ausprägung des bekannten,

klugen, gerissenen, aber immer liebenswerten Hanswursts, des Hanskasperls. Der entspringt geistig dem wahren Leben beziehungsweise einer wunderbaren Kunstform, der Volkskomödie, auch Commedia dell'arte genannt. Am besten, da wir schon bei der Sprachspielerei sind, übersetzen wir das mit »Quacksalber-Bühne«. Das Thema Commedia dell'arte allerdings, das ist und bleibt kunst- und theatergeschichtlich schier unauslotbar.

»Larifari steht für ›sinnloses Geschwätz‹. Der Begriff ist aus den früher auch bei uns gerne verwendeten italienischen Notenbezeichnungen entstanden, die als Aneinanderreihung von Silben beim Üben einer Melodie nach dem Verfahren des Guido von Arezzo den einzeln gesungenen Noten unterlegt werden und damit einen im Grunde sinnlosen Text ergeben. Der ist aber als Merktext wiederum doppelt gut geeignet, sich die Melodie und gleichzeitig die jeweils zum gesungenen Ton gehörige (ital.) Notenbezeichnung einzuprägen. La, re, fa bezeichnet hier die Töne a, d und f, die zusammen den d-Moll-Dreiklang bilden« *(Wikipedia)*

Nebenbei: d-Moll ist auch die Grundtonart von W. A. Mozarts düster-magisch-betörender Oper Don Giovanni … Passt irgendwie: der Kasperl in seinem eher nachdenklichen Humor und dazu der d-Moll-Dreiklang. Das »stimmt« zusammen. So, wie jeder magische Ort – erst recht, wenn er umbaut ist – den typischen »Raumklang« aufweist. Richtig gehört: Magische Stätten klingen! Auch im Freien. Der Grund-Ton der Schöpfung …

Zum Larifari-Klang: Sogar die Gebrüder Grimm haben sich mit den lautmalerischen Bezeichnungen für »sinnloses Gerede« befasst. Wischiwaschi, Kokolores, Humbug, Firlefanz, Kladderadatsch, Mumpitz sind Klassiker, das herrliche »Blablabla« für politisches Gesabber, diese kreative Benennung dünkt denn eher neu. Der Kasperl hätte seine Freude gehabt.

Wir haben von Münsing aus den Weg »hinunter« zum See gefunden, von der Autobahn her kommend, den Ort in westlicher Richtung (zum See hin) durchquert und sind dann bei der Abzweigung mit dem Wartehäuschen in Richtung Wimpasing (alte Keltensiedlung!) gefahren. Unmittelbar beim See muss man rechts abbiegen, und schon … »… Da wohnt er, der Kasperl!« Das können Sie mit Recht jedem Kind erzählen, denn eine Bronzetafel an der östlichen Schlossmauer zeigt, wie der Kasperl Larifari sich artig und tief verbeugt und mit übertriebener Beflissenheit den spitzen Kasperlhut zieht.

Das alles am ausgewiesenen Kraftort! Schloss Ammerland liegt exakt auf einer Linie, die am westlichen Ufer des Würmsees durch Tutzings Ilka-Höhe läuft und ebenso die Degerndorfer Höhe »schneidet«. Also eine waagerechte, eine Ost-West-Kraftachse. Da ziemlich sicher anzunehmen ist, dass die Grafen Pocci das Herrschaftswissen hatten – kein Zufall. 1683/85 ist dieses »Kasperl«-Schloss mit den typischen vier Türmen an den vier Ecken von Caspar Feichtmayr im Stil der weltberühmten »Wessobrunner Schule« gebaut worden – für einen Wittelsbacher: Albrecht Sigismund von Bayern.

Später ging es, wie so viele Herrschafts-Sitze, dem Verfall entgegen, bis es 1990 renoviert worden ist. Heute Privatbesitz, neuer Reichtum – neues Herrschaftsdenken? – Vielleicht eher nicht.

Und der berühmt-beliebte »Kasperlgraf«? Der nutzte das Schloss als Sommerresidenz, nachdem ihm das Juwel einer »Immobilie« (das Wort reicht nicht, um dies wundersam-magische, wahrhaft bildschöne Anwesen gültig zu umfassen) geschenkt (!) worden war: geschenkt von keinem Geringeren als König Ludwig I. an den Vater des Kasperlgrafen, für dessen treue Dienste bei Hof. Man stelle sich das vor, heute in der Zeit des politisch korrekten Neides einer bösartig-spießigen Gleichmacher-Gesellschaft! Einer Sozietät von Anspruchsdenkern, die keinem etwas »Privilegiertes« gönnt, was auch nur vom Hauch einer »Vorteilnahme« umweht wird …

Unmittelbar vor dem Schloss stehend, den magischen Ort aufnehmend, entsteht wirklich etwas Hebendes in der Seele. Die Gedanken fliegen … Wie sollte es anders sein? Die Ambivalenz der geistig einbeschriebenen Kasperl-Figur mag dazu beitragen. Allerbeste Sicht auf Schloss und Positionierung am magischen Ort des östlichen Würmsee-Ufers haben Sie allerdings von der gegenüberliegenden Seeseite, von Tutzing aus. In der Nähe der Ilka-Höhe und des Johanneshügels ist der »Fluss« (flow) der Drachenkraft-Linie noch mehr erfahrbar als »drüben« am Schloss Ammerland selber. Großes Geheimnis: Alles fließt: Nicht einmal der Himmel ist eine Statik.

Und … der Kasperl, der hat immer mit Humor zu tun. In der Sprache der Kraftort-Thematik: Er bewegt sich im magischen Areal der himmlischen Gelassenheit, vielleicht auch der List, aber immer steht er auf der Sonnenseite des lebenszugewandten Verschmitzt-Seins. Eines »Des-wird-scho-wieder-Werns«. Humor? Hängt mit Humus zusammen. Und wieder Gaia, Geo, die Erde. Wahrer Humor ist immer geerdet, weiblich, mütterlich – heilend. Niemals verletzend wie Zynismus und bittere Ironie. Oder gar Schadenfreude. Der Anti-Humor des Teufels. Deshalb ist der Kasperl mit seiner erdgebundenen Sicht auf die Dinge der Welt zu Recht der zeitenübergreifende Freund aller Kinder.

Paterzeller Eibenwald

Zeit- und zeitenloser Wunsch- und Märchenraum

Nicht umsonst ist der Wald untrennbar mit dem Märchen verbunden. Wer in den Wald gerät, egal, ob er sich aus freien Stücken dort hineinbegibt oder ob er in den »Naturtempel Wald« muss, in jenes niemals auslotbare Reich des magischen Zwielichtes, der Halbschatten und der Desorientierung: Der Wald ist magische Bann-Zone, greift mit jedem Schritt, den der Wanderer hinein in sein Allerheiligstes tut, Besitz von der Psyche. Wald, als Wort und Wirkweise, schenkt Geborgenheit und Stille, aber ebenso Angst und das irrationale Gefühl, beobachtet zu werden, ausgeliefert zu sein.

Im Mittelalter und in der zeitlosen Märchen-Zeit des »Es war einmal …«, da geschieht es recht selten, dass jemand just zum Vergnügen in den Wald geht: Wer das tut, der wird gezwungen, so wie die Geschwister Hänsel und Gretel; wer also das Dunkel zwischen hohen Stämmen aufsucht und ein die Sinne verwirrendes Dickicht, der hat sich hoffnungslos verirrt. Oder aber es handelt sich um den Abenteuer suchenden Held, der sich in der Zone der Gefahr bewähren muss. Erst seit der Aufklärung und der damit einhergehenden Natur-Philosophie ist der Wald Erbauung und Sinn-Suche. Wer früher den Wald sucht, muss dort hart arbeiten, Holz machen, Beeren und Kräuter sammeln (also überleben), muss sich verstecken oder hat sich hoffnungslos verlaufen; wer also »in den Wald hineinkommt«, der hat die sichere Sphäre des Daheim-Seins, des Gewohnten und Vertrauten, das morphogenetische Feld des Lebens im hellen Sonnenlicht verlassen. Ganz zu schweigen von »wilden Tieren«: Bären waren so selbstverständlich wie Wölfe und listig-giftiges Schlangengetier, von den prismenbunten Fabeltieren (Einhorn, Löwe (!), Drache, Waldmensch, Gnom …) ganz zu schweigen. Und heute? – Das Wilde ist immer noch da, im Abgrund des eigenen Ich.

Wir betreten den Natur-Dom »Paterzeller Eibenwald«. Die Gefühle sind fantastisch, hebend, berauschend, haben so gar nichts mit Angst zu tun. Aber wir bedenken dennoch, dass der Wald als Archetypus die Zone der »bergenden Gefahr« bedeutet.

»Der Eibenwald befindet sich in der Nähe des Brandtswaldes bei Paterzell, nahe Weilheim südwestlich von München, im sogenannten Pfaffenwinkel. Er liegt dort zwischen dem hohen Moränenzug von Wessobrunn und dem Schotterdelta von Raisting.« *(Wikipedia)*

Der Waldgänger ist der Natur ausgeliefert, dem Schattenreich, der dunklen Seite des Daseins, also der Wegnahme von Licht; vor allem aber der Desorientierung. Hänsel und Gretel, der magische Bannkreis der Hexe bei Jorinde und Joringel – das alles ohne Wald? Eben!

»Eiben waren für unsere keltischen und germanischen Vorfahren eng mit dem Kreislauf des Lebens verknüpft. Geburt – Wachstum – Sterben – Jenseits – Wiedergeburt, alle diese Phasen präsentiert ein Eibenbaum« *(www.terravera.de)*. Aus dem Wald-Rundgang wird ein Durchmessen der Lebenszeiten mit den Stationen Werden, Sein, Vergehen, Erstehen.

Die nie allzu hoch wachsenden Bäume aus extrem hartem Holz bilden ein dichtes Blätterwerk, was die Mystik des Ortes verstärkt. Selbstredend sind Waldwesen wie Hexen, Gnome, Wurzelläufer, Elfen hier zu Hause. Die extreme Drehbewegung im Wuchs mancher Stämme verrät dem Kundigen unterirdische Adern, Störzonen, tellurische Trichter. Die Mehrzahl der Stämme windet sich linksdrehend, nicht zufällig ist auch der geführte Weg »linksrum«.

Zurück zum Märchen, das hier zu Hause ist: Selbst Tretwege und Trampelpfade können im Wald »… in die Irre …« führen. Schon mit den ersten Schritten sind Sie im Reich des Archetypus, der kollektiven Volks-Seele. Sie atmen die befreiende Luft vorchristlicher Ethik, so ganz ohne Sühne, Vergebung und Opferung der – wie auch immer gearteten – geistigen Sohn-Schaft. Sie sind im Lebensrad, ohne Angst, aber mit wachsender Zuversicht. Sie erkennen staunend: Wir leben vielleicht in der dunkelsten Epoche der Geistesgeschichte, halten uns aber für besonders gescheit, rational alles durchdringend, ja »aufgeklärt«. In späteren Jahrhunderten wird man den gegenwärtigen Irr-Glauben (!), die gegenwärtige Hörigkeit an sogenannte Wissen(?)-schaft als

Jahrtausend-Irrsinn ablegen. Wir sind Verirrte … und finden dennoch den Weg.

Verirren wird sich im Paterzeller Eibenwald wohl keiner, alles ist vorbildlich mit »Führungstafeln« ausgeschildert, pädagogisch penibel erklärt, umschrieben. Aber der Dreh bei der aufregenden Begehung der verschlungenen Wald-Pfade, weiß die obige Quelle weiter, ist die Zeit(en)-Schleuse: »Das Schotterdelta wurde in der Rückzugsphase der Würm-Hochglazialzeit durch einen Gletscherbach, der von Peißenberg über Zellsee zum Ammersee-Becken strömte, aufgeschüttet.«

Und schon – es dauert höchstens eine Eiszeit – ist »der Boden« bereitet, auf dem Bäume gedeihen, mindestens so alt wie unsere »Geistes-« Geschichte …

Der Petersberg bei Dachau

Dachau und die energetische Dornenhecke

»Hieronymus übersetzt das Alte Testament in die lateinische Sprache; es enthält folgende Aussage (Lev 19,33): ›Unterdrückt nicht die Fremden, die in eurem Land leben, sondern behandelt sie genau wie euresgleichen. Jeder von euch soll seinen fremden Mitbürger lieben wie sich selbst. Denkt daran, dass auch ihr in Ägypten Fremdlinge gewesen seid‹; eine entsprechende Passage kennt auch das Neue Testament (Gal 3, 28).«

Diese wunderbare Zusammenstellung archaischer Zitate, die mittig aus dem Urgrund unseres Glaubens stammen, spiegelt die wirkliche (nicht die politisch missbrauchte) Toleranz wider. Der Text ist einer sehr ernsten Dachau-Beschreibung vorangestellt. Der hier vorliegende Kraftort-Band weist damit zwangsläufig auf das wirklich geheime Thema schlechter/unrettbarer Orte hin. Der Komplex »Dachau/KZ-Gedenkstätten« bleibt allerdings wortwörtlich unbeschreiblich. Erlebbare Sprachlosigkeit von Schulklassen, die dorthin zu den Schreckens-Arealen der untilgbar spürbaren Vernichtung geschleust werden, zeugt davon.

Dachau … Der Ort und auch das Klangbild »Dachau«, ebenso das das Umfeld, sind durch die Ereignisse im ersten Drittel des vergangenen Jahrhunderts, vielleicht mehr noch durch eine seltsame Mischung aus nachfolgendem Schweigen und gleichzeitig den starren Nichtvergessen-Reden überbelastet. Wie sehr werden beim Aufklingen des Namens »Dachau« die Stadt mit dem Schlossberg, die umgebenden Hügel-, Fluss- und Moorlandschaften vergessen, die keltischen Kultstätten, die Künstlerkolonien!

Heilend und aufbauend ist der dem Nichtvergessen-Areal »Dachau« nordwestlich gelegene Petersberg. Anlässlich eines Chortreffens im modernen Bildungs-Haus der »Bayerischen Landes-Volkshochschule« hatte ich das Glück, in Petersberg zwischen Erdweg und Altomünster zu logieren. Und das direkt neben der Basilika auf dem Petersberg, einem energetischen Kleinod der inneren Heilung. Doch die Freude war groß, als sich der Berg und die nähere Umgebung schon bei der »Magie des Ankommens« als heilende Kraftorte erwiesen. Die Unterscheidung: gute Orte/schlechte Orte ist eben im weiteren Umfeld von Dachau überdeutlich.

»Petersberg«: Selten erkennt der Pilger, dass sich hinter der urmännlichen Energie des »Petrus«, des ersten Kirchenmächtigen in einer langen Reihe von Päpsten, den stets quer durch die Jahrhunderte so herrlich aktuellen Stellvertretern Christi auf Erden, die urweibliche Kraft der »Drei Beten« verbergen kann. Sprachlich ist's nur ein sehr kleiner, aber höchst bedeutsamer Energie-Sprung von der Bete zum Peter. Die »Drei Beten« also, die heiligen Frauen, Druidinnen, Magierinnen, Hexen – wie immer Sie wollen und erfühlen.

Bete und Peter – die Ortsenergie weist eher auf die Bete, auch das unweit gelegene Langenpettenbach deutet darauf hin, dass hier eher die weibliche denn die männliche (Erd-)Energie am Walten ist.

»Die Basilika St. Peter und Paul war Bestandteil eines Benediktinerklosters auf dem Petersberg …«, erklärt die Schrift »Basilika auf dem Petersberg bei Dachau« schon im ersten Satz. Sicher nicht ohne Hinter-Sinn. Benediktiner sind stets die Weiterträger keltischen Wissens, aus christlicher Sicht heidnischer Naturverbundenheit und eben des Wissens um den magischen, den wirkenden und transformierenden Ort. Betreten Sie die Basilika, setzen Sie sich in der vierten Reihe von vorn etwa in die Mitte. Spüren Sie den tellurischen Trichter? Etwas Zentrierendes, zugleich Bergendes, aber vor allem »Mitnehmendes«?

»Der Petersberg, eine steile Anhöhe, zwischen Erdweg und Eisenhofen gelegen, war schon seit keltischer Zeit besiedelt. Beleg dafür ist unter anderem ein keltisches Hügelgrab im nahe gelegenen Wald …«, weiß der genannte Kirchenführer. Der Kraftortkenner allerdings braucht den Hinweis auf keltische Kult-Vergangenheit nicht. Die »heidnischen« Energien bleiben unverkennbar; die Kraft der Mutter Erde umhüllt den Ankommenden wie der tiefblaue Schutzmantel einer liebenden Gottesmutter.

Wenn Sie die Peterskapelle erreicht haben, ist es natürlich unerlässlich, einzutreten, um sich für das energetische Urerlebnis in einem nahen Erd-Trichter vorzubereiten. Beachten Sie besonders den Christus als Pan-Kreator auf der oberen

Rundung der Apsis, vor allem aber die (Heilige!) Geometrie, in die er einbeschrieben ist. Die Wandmalereien stammen alle nachweislich aus dem hohen Mittelalter und »atmen« die Spiritualität des Zeitalters des Glaubens. Oh ja, das wunderbare »Zeitalter hin zu Gott« wirkt immer noch in den Köpfen (Geist ist unsterblich)! Das Zeitalter der Aufklärung und die sich bis heute hinziehende (hinschleichende?) Schlange des rationalistischen Materialismus aber werden nur durch Presse und Medien künstlich aufrechterhalten …

Die kleine Basilika hier auf dem alten Keltenhügel Petersberg umschließt Glauben, Vertrauen, sie atmet Zeit in tiefen Zügen: Dementsprechend ist nichts Dargestelltes Zufall; alles trägt eine »Welt hinter der Welt« in sich, alles ist Symbol. Mich zog der rechte Seitenaltar »wie magisch« in den Bann, denn oben auf einer rechtsdrehenden Säule tanzt da der Teufel. Welchen Tanz? Wirbelt er vor Freude oder aus Ärger und Zorn um die eigene Achse? »Um zu erfahren / dass der Himmel blau ist / braucht man nicht / um die Welt zu reisen.« Diese bescheiden und weise anklingenden Sätze sind von keinem Geringeren als Goethe; sie finden sich (wohl nicht ohne Grund) auf einer Info-Tafel unweit der Nordseite der Basilika.

Die wahre Überraschung aber wartet auf den Kenner magischer Orte wie so oft nicht innen, sondern außen: Sie gehen an der Westseite der Kapelle einfach weiter Richtung Westen, gelangen schnell in einen Wald – und biegen nach links ab, hinein in den monumentalen Erd-Trichter. Dessen Talsohle wurde bewusst als Erlebens-Pfad angelegt. Eine romantisierende Kirchenwand ist da errichtet, durch deren Pforte Sie schreiten. Sie stehen nun in einem virtuellen Natur-Tempel. Was für eine Idee! Der Sinn und Zweck dieser eigentlich absurden frei stehenden Kirchenwand ist einzig der, dass Sie eine Pforte durchschreiten. Was Sie dann erleben … können und müssen Sie selber fühlen.

Erd-Trichter

Das Urerlebnis »Mutter Erde« westlich des Petersberges unweit Dachau wird Sie bewegen, immer wieder aufs Neue trichterartige Senken und Mulden »auszukosten«. Mein persönlicher Erd-Trichter findet sich auf einer weiten Fläche westlich von Oberpfaffenhofen: Dort lockt eine sich weit gen Süden und Südosten hinziehende Wiesenfläche, die neben kugelrunden Erdhügel-Drumlines mehrere solcher »Tiefstellen« aufweist, in denen sich zumeist sumpfartige Teichwasser sammeln. Einer dieser Trichter aber bleibt trocken, in ihm könnte ein aufrecht stehender

Mann verschwinden und für andere »unsichtbar« werden. Vom Ortskern Pfaffenhofens aus (genießen Sie das Oktogon der romanischen erdschweren Ortskirche) geht es am Hauptplatz mit der Madonna genau Richtung Süden, dann bald kommt eine weite Wiese, südlich und südöstlich von dichten Mischwäldern gesäumt. Zauberwälder, auf deren Grund dereinst keltische Hügelgräber positioniert waren. Die Kultstätten sind zumeist eingeebnet, die Energie aber bleibt. Nichts vergeht, alles besteht, die Unsterblichkeit (nicht nur von Lebewesen) wird nur von der derzeitigen Angst-Industrie gekonnt und gezielt geleugnet.

Als die Gletscher der Würm-Eiszeit langsam (sehr langsam, die hatten wahrhaft Zeit) schmolzen, blieb das Wasser manchmal in ausgeschliffenen oder durch gottgewollte Bedingungen entstandenen Gralsbecken der Natur. Durch einige unterirdische Quellen bekommt der Wasserstand solcher Seen zumeist quellfrischen Neuzugang. Vor allem der Weßlinger See, etwa zwischen Gauting und Grafrath (Fünfseenland), und ein großer Teil der Osterseen südlich des Starnberger Sees weisen die spürbare Magie des Toteisbeckens auf. Hier lässt sich körperlich und seelisch spüren, was tellurische Trichter sind. Ein Sog zum Erdmittelpunkt greift den Besucher, zugleich lässt sich ein pulsierendes Ausstoßen lebendiger Erdkraft erleben: Himmelsleiter-Gedanken stellen sich ein.

Im freien Fall ergießen sich die entfesselten Elemente des »flüssigen Lebens« über die Kante des hohen Felsens. Was ist Wasser anderes als der Stoff, aus dem alles Leben entstand? Gott schied Erde und Wasser, trennte wohlwissend Licht und Finsternis – hier am hohen Wasserfall, im kühlenden Wind der flüchtigen Gischt lebendig erlebbar. Oder aber die statische Stille des Toteisbeckens: gefrorene Zeit in der Form des Gletscher-Eises, geschmolzen über Jahrmillionen: Ist Zeit ebenfalls ein Aggregatzustand …?

Dem freien Fall folgt aber zwangsläufig – ganz im Sinne der Schöpfungsordnung – eine Bindung. Und immer ist es Bindung in der Form. Ohne Form ist für uns Menschen nichts begreifbar. Ein Brunnen ohne dem Wasser Form gebendes Brunnen-Becken wäre nicht erlebbar, nicht trinkbar, nicht einmal sicht- oder vorstellbar. Zum Trinken braucht der Durstige die Schale der hohlen Hand oder den Becher. Denn die Urform von allem lebendigen Wasser ist immer – die Schale. Erst darin gelangt das entfesselte Element zur Ruhe, zur Form eben; zum Ent-Bewegten, zum Ent-Schleunigten: in der Schale. Dem Becken. Der Gumpe, der ausgeschliffenen Erd- oder Felsen-Form. Das Becken ist immer aufnehmend, im wahren Sinne weiblich: Im Becken entsteht Leben, in der Schale des Gehirns werden Gedanken geboren. Urform der Schale – das aufnehmend-Liebende: der Gral!

Kloster St. Matthäus in Asbach

Das exkommunizierte Kloster

Wer sich auf die Heiligkeit des Ortes oder gar der Landschaft einlässt und so etwas wie »Heiligkeit der Landschaft« sucht, der wird am gottseligen Niederbayern, besonders dem Rottal, nicht vorbeikommen. Erde, Wasser, Himmel und Geist gehen hier eine einmalige Verbindung ein. »Strahlender« Punkt ist immer Altötting, (Heimspiel für Maria, die Gottesmutter); der geistig Suchende sollte vor dem Eintreten in das »Kraftfeld Niederbayern« hier – und ebenso in Neuötting – Station gemacht haben. Altötting: Wiege des altbayerischen Herzensglaubens, die Gnadenkapelle sowie den seltsamen »Tod von Altötting« muss jeder mindestens einmal auf sich wirken lassen.

Dann immer gen Osten weiterfahren, auf Passau zu. Ab Pfarrkirchen (heiliger Ort: Gartlberg) erschließt sich dann diese wunderbare, wundersame Mischung aus Erde, Glauben, Urvertrauen. Kühne Idee: Ersetzen Sie, einen heiligenden Urlaub lang, die spirituell magische Dreiheit »Glaube, Liebe, Hoffnung« durch »Erde, Glaube, Urvertrauen«. Hier lockt und heilt das bekannte Bäder-Dreieck. Dem spirituell Suchenden sei aber Sammarei (Sanct Marei) als erste Adresse empfohlen, wiederum Marien-Station mit Strahlkraft über alle anderen, nicht weniger imposanten Wallfahrtsorte.

Männlicher Gegenpol der volksnahen Anbetbarkeit ist hier Bruder Konrad: Konrad von Parzham, in Weng geboren. Über das Thema »Heilige Orte in Niederbayern«, insbesondere in der heiligen Raute Pfarrkirchen, Vilshofen, Passau und Pocking gelegene, ließe sich ein eigenes Buch schreiben. Erwähnenswert, hinfahrenswert und mit Stätten der Verinnerlichung aufwartend, sind allemal: Bad Birnbach; Kirche Mariae Himmelfahrt, Rottalmünster, Parzham, Grongörgen, Haarbach, Sammarei, Rainding, Uttlau (s. a. Seite 93–95), Sankt Salvator, Reisbach, Ortenburg, Aidenbach, Aldersbach, Fürstenzell, Kößlarn – und eben Asbach.

Asbach, unübersehbar: Wer auch nur in der weiteren Umgegend pilgernd, suchend, urlaubend sich bewegt, dem fällt die hoch auf heiligem Berge positionierte Gottesburg mit Kirche und Kloster immer wieder auf. Mich selbst lockte beim Aufstöbern heiliger Orte die imposante, sichtbar (scheinbar?) dem Himmel nahe Kirche schon von Weitem, erst dann erfuhr ich, vom schwarzgelben Ortsschild belehrt, »Asbach«.

Tatsächlich geht's in unmittelbarer Nähe zum Kloster sehr steil den Berg hoch. Eine aufregende Serpentinenstrecke, ein Drachenpfad. Der unmittelbare Zugang zur Kirche führt weise und wissend, wie zumeist bei sinnvoll angelegten Kirchen und deren Umfeld, durch den abladenden Ort, den Friedhof. Der ist hier ein wirklicher »Totengarten« im poetischen Sinne des Wortes: Der Seelenacker liegt so schön, dass den Besucher ein Gefühl der Heimeligkeit und des Ankommens erreicht, keinesfalls die klamme Stimmung von Abschied, Ende, Zweifel. Oder gar Angst. Dann stehen wir vor dem aus kurzer Distanz noch beeindruckenderen Gebäude der Klosterkirche »St. Matthäus«. Hier am guten Platz, direkt vor dem Westportal, strahlt die unverputzte Tuffsteinfassade Ruhe, Erhabenheit, Geborgenheit, und Wärme aus – aber eben auch Respekt.

Durch das angebaute Kloster und die wuchtige Anlage schwingt und vibriert hier überall gelebter Glaube. »Mit seiner großartigen Cuvilliés-Kirche, einem architektonischen Juwel, gelang es Asbach, in den Status eines kulturellen Wallfahrtsortes aufzusteigen«, schwärmt zu Recht der offizielle Führer. Lebendige, Stein gewordene Geschichte! Kennen Sie diesen dräuenden, einen Mehr-wissen-Wollen gebärenden Reiz alter und dennoch belebter Gemäuer? Die pure Faszination schwer zu entschlüsselnder Schriftzüge in gemeißelter Staben-Gotik! Fühlen Sie die Urkraft von Glauben, Historie, Hoffnung, Macht und Willen, wie sie bei solch gewachsenen Kraftwerken des katholischen Glaubens aus allen Ritzen dringt?

Den Anfang nahm diese Abtei bereits im 11. Jahrhundert, zur Zeit des Passauer Bischofs Altmann (1065–91). Dem Kloster, Himmel und Glauben scheinbar so nahe gelegen, war kein ruhiger Verlauf der Historie und der angestrebten Heiligkeit beschieden. Wegen des alles beherrschenden Investiturstreits kam es zu einer Neugründung, allerdings unter recht ungünstigen Bedingungen. Endlich, im Jahre 1127, die Weihe der Asbacher Klosterkirche unter Bischof Otto von Bamberg. Schließlich gar eine Exkommunikation, und das für ein Kloster! Denn der unsägliche Streit zwischen Kaiser Ludwig dem Bayern und dem damaligen Papst Johannes XXII. eskalierte ins Grenzenlose, sodass 1323 wirklich eine Exkommunikation für diese niederbayerische Glaubensanlage – zur Ehre Gottes gedacht – stattfand! Warum? – Das Kloster hatte zu Ludwig dem Bayern (!) gehalten. Gar nicht unsympathisch. Jedenfalls aus bayerischer Sicht.

Reißen wir uns ob solcher geradezu verblüffender, wenn nicht schockierender Tatsachen aus unserem historischen Sinnieren und Abwägen los (… wie und zu wessen [Macht-]Gunsten hätte ich entschieden, wenn ich dabei gewesen wäre und etwas zu sagen gehabt hätte) und treten ein. »Klassizistische Formgebung und Regelmäßigkeit …«, stellt die Kunstgeschichte höflich fest über den uns empfangenden mild- und milchlichtigen Raum. Eine schöne und liebevolle Umschreibung für Langeweile. Tatsächlich hängt in dieser klassizistischen Wandpfeilerkirche etwas in der Luft, aber was nur? »Schwermut«, gibt eine knapp hinweisende Tafel im Kircheninneren offen zu. Schwermut, da hier der Barock ins Klassizistische hinüberwechselt. Für den Feinsinnigen: Ratio überschneidet sich mit Sinnlichkeit. Das verträgt sich manchmal, aber eben nicht immer.

Ich habe »meinen« Platz außen an der Nordseite gefunden. Ein parkähnlicher Friedhof und eine wunderbar, gar wundersam gelegene Bank lockten mich an. Heiliger, und doch bescheidener Ort

der geistigen Sammlung unter freiem Himmel. Und ein Ort der Begegnung in der friedvollen Stille des Gottesackers. Eine wissende Frau gesellte sich alsbald zu mir, die mir meine ordnenden Gedanken und Grübeleien angesehen haben musste. Nun aber wurde es richtig interessant. Ich erfuhr, was nicht im Führer steht: »Hier, unter der Kirche, gibt es unterirdische Gänge!«, sagte die alte Frau, der man ansah, dass sie wusste, wovon sie sprach. »Unter dem Kloster ist ein alter Keller, der ein Geheimnis bergen soll. Schon als ich vor vielen Jahrzehnten noch Kind war hier im Ort, hat man davon erzählt …«

»Weiter«, bat ich.

»Der geheime Gang vom Klosterkeller führt zum sogenannten ›Hohen Kreuz‹, einem besonderen Kraftplatz, da …« Indem sie »da« gesagt hatte, deutete sie mit dem Finger in eine Richtung südwestlich, besann sich aber schnell.

»Wo?«, drängte ich.

»Früher war dort der Pestfriedhof; es ist der höchste Punkt von Asbach.«

»Wo?«

Sie schwieg jetzt und ging.

»Der authentische Ort liefert feste reale Bezüge.« Das steht in der Süddeutschen Zeitung vom 31. Mai 2013 auf Seite R4 des München-Teils. Gemeint ist mit dieser wahren Sentenz die Errichtung des NS-Dokumentationszentrums genau auf dem »authentischen« Platz«, dort, wo dereinst das Braune Haus stand. Ein Kraftort-Kenner allerdings würde nie das Doku-Zentrum ausgerechnet da errichten, wo der Ort die alte Kraft speichert. Hier in Asbach erleben Sie hautnah: Die alte Kraft ist ein hochaktiviertes morphogentisches Feld, das beständig weiterwirkt!

Daraus inspiriertes Gebet: Lieber Gott, lass mich meinen Platz in der Zeit finden. Auch jeder Gedanke darf nicht zu früh sein oder gar zu spät, sondern in seiner Zeit! Ich muss ja nicht gleich so alt werden wie ein Kloster, exkommuniziert möchte ich auch nicht werden – aber eine Sehenswürdigkeit sein? Warum denn nicht?

Tipp! Das Klostermuseum Asbach zeigt zumeist hochrangige Ausstellungen. Das war zur Zeit meines ersten Besuches (im Sommer 2007) das grafische Werk von Dürer.

Seehamer See, Teufelsquelle

»Drah di, Deifi …!«

Der Name »Teufelsquelle« sagt dem Kundigen bereits, dass es sich um eine ausgezeichnete Stelle des Heils handelt, mehr noch um einen heiligen Platz – der Heilung. Heil und Heilung gehören zusammen. Der Begriff der »Heiligen Quellen« kommt nicht von ungefähr. Nur ist bei dieser Quelle von »heilig« nicht die Rede.

Dem versierten Kraftort-Gänger ist bestimmt schon aufgefallen, wie sehr positive Stellen der Erde – ebenso Hilfe bringendes Wissen um Heilung und Freude, um Fortpflanzung und Lebensglück – allerorts »verteufelt« werden. An vielen magischen Stätten, deren Schönheit, Kraft und Geheimnis sofort auffallen –, es sind ausnahmslos Stellen der Lebenskraft, an denen die lebendige Mutter (!) Erde ihre Gaben verschenkt – ausgerechnet dort begegnet der Suchende so seltsam abweisenden Namen wie »Teufelsstein«, »Teufelstritt«, »Höll« und «Höllwasser«, »Teufelsmoor« oder eben »Teufelsquelle«.

Warum das? – Was gut ist und nichts kostet, das darf nicht sein!

Was könnte an einer Quelle denn teuflisch sein? Die Quelle spendet Leben in Form von frischem Wasser, dem Urstoff allen Lebens also, der die Energie des magischen Ortes mit sich trägt – und gern weiterverschenkt. Die Quelle ist immer mit Mutter Erde verbunden, aus der sie entspringt.

Vielleicht hat diese urweibliche Symbolik, diese nährende und bewahrende Archetypik, zu der sich oft noch eine bunt-magische Sagen-Umrankung hinzugesellt, mit zumeist weiblichen Quellgeistern wie Nymphen und Nixen zu tun? Hat dies alles der so besonderen Quelle den irreführenden Teufelsnamen eingetragen?

Wir sind von der Autobahn A8 München–Salzburg bei Weyarn abgefahren und lassen die enorme, allerdings sehr durchwachsene Energie des Mangfalltales in Nähe der unheimlichen Brücke kurz vor der Abfahrt »Weyarn« auf uns wirken. Nachdem wir die Autobahn verlassen haben, geht es ein kurzes Stück weiter Richtung Weyarn. Schon winkt in der Ferne der bullige Turm mit der Zwiebel. Bereits die erste Abfahrt links nach dem Kreisverkehr führt uns nach Großseeham.

Suchend und fragend finden wir bald einen zum Seehamer See gehörigen Parkplatz, auf dem wir das Auto stehen lassen können, ohne die Natur oder Mitmenschen zu belästigen. Oh ja, auch ein wild in der schönen Landschaft abgestelltes Kraftfahrzeug kann die Erhabenheit der Natur, die Umgebung eines magischen Ortes optisch arg »verschmutzen«. Denn heute wartet auf uns das Gralsgeheimnis, das wie immer im Kopf und in der Erde schlummert: Ein magischer Ort der ganz besonderen Art: »Er liegt oberhalb des Leitzachtals zwischen den beiden Hauptendmoränenwällen des Inngletschers. In frühgeschichtlicher Zeit wurden die mehreren kleinen Seen, die an dieser Stelle lagen, noch Osterseen (nach der Fruchtbarkeitsgöttin Ostara) genannt.« *(Wikipedia)*

Ostara! Der Name klingt donnernd wie gewaltiger Glockenklang der Vorzeit. Und auch die durchwachsene deutsche Geschichte des dunklen 20. Jahrhunderts »klingt an«. Doch es wird noch interessanter: »In der Stauferzeit befand sich auf der größten der fünf Inseln im See, der Burgstallinsel, eine Burg der Grafen von Falkenstein (Großseeham-Falkenstein), deren Grundmauern bis zum Bau der Leitzachwerke sichtbar waren.«

Sie beginnen die Grals-Wanderung vom Parkplatz aus gegen den Uhrzeigersinn, also links um den See herum. Nach dem einladenden Badeplatz mit Bänken führt der Weg über Wiesen und an einem Waldstück vorbei zu dem Kanal, der den See speist. Dem Fühlenden werden hier viele links drehende Orte auffallen. Sie finden die Brücke, die, wie immer, auch beide Gehirnhälften des suchenden Pilgers verbindet. Dann lassen Sie sich führen, vielleicht auch verführen: Der sanft geschwungene Weg leitet über weite Wiesen, hinein in den lichten Mischwald. Fühlen Sie das, wenn die positive Energie zunimmt? Jetzt finden Sie sinnvoll verlegte Holzbohlen, die über Rinnsale führen. Der Boden wird nass, die Quelle meldet sich an. Schließlich eine herrliche Gumpe, glasklar; Sie sehen genau, wie mit dem Wasserdruck aus dem Boden feiner Sand nach oben gepumpt wird. Ein teuflischen Vergnügen, dieser Tanz der Quellgeister.

Da dreht er sich also, der Teufel, und das genau am magischen Ort. Warum dreht er sich, und in welche Richtung? Dem versierten Kraftort-Gänger wird es leichtfallen, festzustellen: Dies ist eine linksdrehende Quelle mit zahlreichen unter dem Wasserspiegel liegenden Quell-Düsen oder Sprudeln. Nebeneffekt: Die vom Quellwasser in der kleinen Gumpe hochgepulsten Wasserstöße ergeben lustig hüpfende Sandformationen, die im klaren und untiefen Wasser gut zu beobachten sind. Mehr noch: Das Beobachten der »Sandmännchen« macht hellsichtig! Ein Raum- und Zeitentunnel hier im Wald. Vor allem stellt sich augenblicklich gute Laune ein, bei längerem Hinsehen wechselt der Frohsinn zu tiefer meditativer Kontemplation. Sie sehen, was kommen wird … Ein prophetischer Teufelstanz, der heilt und Frohsinn stiftet.

Sieht so die Hölle aus? Gewiss nicht. Der Teufels-Name dieses Lebenswassers aus Mutter Erde soll nur abschrecken. Oder doch locken? Denn »der Deifi«, »das Deiferl« im Bayerischen, ist nicht immer nur böse, sondern …

Wie denn dann?

So verteufelt anders halt!

Fraueninsel im Chiemsee

Irmin-sul und Irmin-gard

Die Drachenlinie! Kraftortkenner wissen, was gemeint ist: Drachen-Kraft, urtümliche Lebenskraft des Mythen-tragenden, so geheimnisvollen Erdwurms: Drachenkraft bedeutet Lebens-Energie, die stets eine schnurgerade Linie entlangläuft. »Drache«, »Drachenlinie«, Drachenkraft«: Poetisch-bildstarke Beschreibung der lebensspendenden weiblichen Erdkraft. Es ist der in allem schlafende unauslöschbare Lebensimpuls von Gaia, der Urmutter Erde. Auf Drachenlinien liegen all die bedeutenden magischen Kraftorte, aufgereiht wie an straff gespannten Lebens-Schnüren. Denn die Drachenlinie ist, einem geheimen, aber für Wissende spür- und erlebbaren Schöpfungsgedanken folgend, kerzengerade.

Herrliche Doppelbedeutung des Begriffes »Lebenslinie«. Auch unser aller Leben (»Lebenslauf«) verläuft viel geradliniger, als viele ahnen. Abwege sind selten und zumeist ungesund, sind nicht lebensfördernd: abwegig eben. Nebenbei: Lebensregeln sind Drachenlinien ähnlich, sind gerade, einfach – werden aber selten befolgt. Was ist an den zehn Geboten kompliziert? Wer indes hält sich daran?

Eine fantastische »Querlinie« auf der Bayern-Karte von Ost nach West führt uns zu einem Bilderbuch-Kraftort, der die weibliche Erdkraft schon im Namen trägt. Prüfen Sie nach: Satellitenstation von Raisting, Ilkahöhe, Deggerndorfer Höhe, Bruckmühl, Bad Aibling – Fraueninsel im Chiemsee.

Die lockende, bannende Kraft der Fraueninsel ist sogar vom Auto aus spürbar, wenn Sie das entsprechende Stück der Autobahn München–Salzburg passieren. Der Anblick wirkt so betörend (Schönheit ist bannend, Schönheit ist ein Teil von Magie!), dass Sie sich als Autofahrer zwingen sollten, auf die Fahrbahn und nicht hin zur Fraueninsel mit dem gedrungenen weißen Turm und der Zwiebelhaube zu schauen. Denn Sie sehen eine Weltenachse, eine Irminsul, und eine solche ist immer bannend! Mit jedem Meter Nähe wächst die Faszination. Bleibt natürlich nichts anderes zu tun, als überzufahren. Und wieder der Ur-Mythos: das Übersetzen zwischen zwei Ufern, von einer Welt zur anderen. Die Insel ist ein Zeiten-Tunnel, Sie können hier mehrdimensional denken und empfinden.

Die Fahrt auf dem alten Chiemsee-Schaufelrad-Dampfer Ludwig Fessler entführt von Anfang an in eine »Anderswelt«. Anderswelt? Dies Wort für die keltisch-heidnische Jenseitswelt hat sich mir gleich nach dem Beginn der Fahrt vom Steg in Prien weggleitend, aufgedrängt: das Jenseits!

Die Kraftorte und energetischen Ströme auf Bayerns größtem See, vor allem auf des Magiers Ludwig II. Herreninsel, habe ich in anderen Büchern beschrieben. Mit einer Fläche von

79,9 Quadratkilometetn ist das Bayerische Meer der größte See Bayerns und drittgrößter See Deutschlands. »Der Chiemsee entstand wie viele andere Voralpenseen am Ende der letzten Eiszeit vor ca. 10.000 Jahren als Ausschürfung eines Gletschers (Zungenbeckensee). Ursprünglich bedeckte der See eine Fläche von fast 240 km^2, was etwa dem Dreifachen der heutigen Wasserfläche entspricht. Innerhalb von 100 Jahren verringerte sich die Wasserfläche um ca. 200 ha. Vor 1904 wurde der Wasserspiegel um zirka einen Meter abgesenkt. Dadurch wurden große Flächen trockengelegt ...« *(Wikipedia).*

Doch vor der verlockenden Zeitenreise einige Fakten: »Die Insel Frauenchiemsee, auch und vor allem von den Einheimischen fast immer Fraueninsel genannt, ist nach der Herreninsel die zweitgrößte der drei Inseln im Chiemsee. (...) Die Insel ist das ganze Jahr über mit dem Linienschiff der Chiemsee-Schifffahrt zu erreichen. (...) 782 gründete Herzog Tassilo III. von Bayern das Kloster Frauenwörth« *(Wikipedia).*

Aber das ist nur ein Steinchen aus dem gewaltigen Denk- und Erfahrungs-Dom, der sich hinter dem vielsagenden Begriff »Fraueninsel« verbirgt. Frauenwörth, das geheimnistragende Kloster, der achteckige Turm, der als freistehender Campanile die Energien aus der Erde zieht und vom Himmel herabholt, und die »Schwarze Madonna« habe ich in »Keltenkulte in Bayern« (München 2003) ausführlich beschrieben. Hier der energetische, der drachenlinige, zeitverschiebende Aspekt: Die bildgebende Pfählung (!) durch den Turm bildet das eigentliche, das weithin sichtbare, und damit unsichtbare Geheimnis von Frauenwörth. Die Pfählung »zieht« Erd-Energie aus dem Boden, schöpft Kraft aus der Weltzeit-alten Urmutter: Ahnenwissen nicht nur der Kelten, Geomantie der Vorfahren, bekannt durch die Setzung von Menhiren (»Hinkelsteinen«). Immer genau auf dem Schnittpunkt zweier wichtiger Drachenlinien. Gleichzeitig zieht der so weise und wissend gesetzte Turm Himmelsenergie nach unten. Und dort, wo der Ausgleich stattfindet – die Schnittstelle nicht nur der

Erdkraft-Linien, sondern auch die spirituelle Schnittstelle von oben und unten.

Aber hingehen und finden – das müssen Sie selbst tun.

»Eine Irminsul (das heißt »große bzw. gewaltige Säule«) oder auch Irmensäule oder Irmensul, war beim germanischen Volk der Altsachsen ein Kultobjekt, das analog zu sakralen Orten und Heiligtümern verehrt wurde. Die Irminsul gehört typologisch zum Weltenbaum der germanischen Mythologie wie etwa die prominenteste Form der literarischen Weltesche Yggdrasil aus der Edda. Eine weitere Form wird im immergrünen Kultbaum des wikingerzeitlichen Tempels von Uppsala gesehen.« *(Wikipedia)*

Zufall, dass gerade hier die Heilige Irmingard verehrt wird? Altes Schulwissen auffrischen?

»Um 850 stand die Selige Irmengard (831/33–866) als erste namentlich bekannte Äbtissin der Abtei vor. Sie war eine Tochter König Ludwigs des Deutschen und Urenkelin Karls des Großen … *(www.frauenwoerth.de)*

Der Ort, der Name, die Geschichte, die Ort und Erdkraft schreiben. Zufall? – Niemals!

Kneifelspitze hoch über Berchtesgaden

Zwischen Alpenfestung und magischem Untersberg

Die Bergpredigt heißt nicht umsonst Bergpredigt. Der bekannte Terminus ist eine bewusste Anspielung auf Moses und dessen zu allen Zeiten gültige Lebensregeln, die durch erlebte Gottesnähe auf dem Berg Sinai erschaffen wurden. Nun ist für unsere von Aufklärung, Humanismus und Rationalismus versaute Gegenwart die Sache mit Gott, mit Gottes-Erfahrung auf dem Berg, bei Weitem nicht so vermittelbar wie noch vor dem Zeitalter der Technik und der Elektronik und dem damit einhergehenden, im Wortsinne »Gott-losen« Irr-Glauben an Materie. Denn Intellekt und Ratio, jenes so durchtriebene Schmeichler- und Betrügerpaar, sie wissen dem eitlen Gegenwartsmenschen

recht schlüssig zu erklären oder besser zu »beweisen«: Wer auf hohem Berge steht, der sei deswegen dem Himmel und Gott keineswegs näher. Einfach lächerlich, diese mosaische Vorstellung …

Und doch: Wer oben steht, der denkt anders. Warum sind Chefetagen immer »oben«? Weil man meint, von oben den besseren Überblick zu haben. Und weil oben das Unterbewusstsein anders funkt, auch für diejenigen, die unten sind und nach oben schauen (müssen). Der Mensch oben, auf dem Gipfel, denkt auch anders über Gott. Denn oben, sei es am Gipfel, auf einem Turm oder gar vom Flugzeug aus, da hat der Schauende einfach mehr Sicht-Radius. Erweitertes Sehen wirkt direkt aufs Denken. Und der Schauende wird schnell zum Sehenden, zum Seher. Überblick macht frei und kreativ – da ist es zur mystischen Schau Gottes nicht weit.

Wir haben, von der Autobahn A8, Ausfahrt Bad Reichenhall kommend, immer den breiten, magischen Untersberg vor Augen, das mystische, lockend-verlockende Hallthurm überquert und den »unteren« Teil von Berchtesgaden in Bahnhofsnähe erreicht. Der Fühlende merkt, wie sich mit jedem Meter die Kraft »verdichtet«. Schon passieren wir den die Besucherströme ordnenden Kreisverkehr an der gebirgsklaren Ach (Richtung Grödig, Anif, Salzburg abbiegen) und sind dann am Ende des Ortes beim Parkplatz des großen Salzbergwerkes angelangt.

Gegenüber einem Autohaus an der Salzburger Straße führt der Weg empor zu einem schon von Weitem her sichtbaren gelben Schloss mit hohem Turm. Die mystische Vergangenheit des verwunschenen Bauwerkes ist ein eigenes, lieber nicht zu schreibendes Kapitel. Wir wandern hoch, immer in Richtung »Maxenhöhe«, »Kneifelspitze«. Bald wird der Weg enger, auch steiler, es ist aber alles ohne alpine Ausrüstung gut und gefahrlos zu schaffen. Festes Schuhwerk und gute Laune sind aber unbedingte Voraussetzung.

Und immer wieder der Watzmann-Blick: Was hat dieser König der steinernen Bergriesen doch Zwingendes, Bannendes, zwischen magischer Schönheit und Verderben Schwingendes! Der heilige, der »wahre« Berg. Monte Verità. Auch die Kneifelspitze, zum Untersbergmassiv gehörend, hat dies so Besondere, das im innersten steinernen Sein einbeschriebene Geistige: Sie denken hier anders als anderswo. Und mit jedem Meter »steigen« die Sinne! Lassen wir Begriffe wie Berg, Oben, Wahrheit durch die von klarer Luft gereinigten Sinne ziehen:

Monte Verità – der berühmte Kraftort am Lago Maggiore

Bestimmte Orte, die sich in zahlreichen Kulturen oft in den Bergen finden, sind so bemerkenswert in ihrer Schönheit, dass sie das Gewöhnliche umwandeln und unsere bisherigen Erwartungen an das Leben in Frage stellen. Ist in der buddhistisch geprägten Kultur der Himalaya Kraftort innerer Kämpfe und der Bemühungen zu mehr Nähe zum Unbegreiflichen, so verkörpern in Europa die Alpen den Dialog zwischen menschlicher und äußerer Natur. Hierhin zogen sich Mönche wie der Benediktinerorden zurück, hier fanden Dichter ihre Inspiration. Einer dieser Kraftorte, der Monte Verità, wurde einhundert Jahre vor dem Millenium, gleichsam als Einleitung zur großen Wendezeit, wiederentdeckt (siehe die Website Magische Orte der Schweiz).

Monte Verità, das heißt Berg der Wahrheit. So habe ich die Kneifelspitze immer erlebt. Sie kommen, mit jedem Schritt, den Sie gehen, nicht nur nach oben, sondern »zu sich selbst«. Das macht die Einbettung in gewaltige morphogenetische Felder ringsum (Watzmann und Königssee, Obersalzberg, Jenner, Steinernes Meer, Hoher Kalter, Untersberg …). Was für Geschichte im Sinne von Histo-Geomantie, was für Geschichten und seelengreifende, die Ahnenseele nie loslassende Ur-Sagen schlummern hier – und warten auf das, was kommt! Ahnen-Bewusstsein schläft, verborgen in ewigem Fels, still und beständig den Urton der Schöpfung intonierend. Gestern, heute … immer. Ohne Zeit. Die Zeit bleibt hier wirklich stehen. Und Sie spüren es.

Nach etwa zwei Stunden erreichen Sie glücklich und verschwitzt die Paulshütte. Lassen Sie einfach zu, was der Berg, die Um-Berge, die Geschichte, der Um-Blick mit Ihnen hier heroben machen. Ein Sender-Ort, seelisch und auch technisch: Denn auf der Kneifelspitze steht eine der sechs Sende-Anlagen, »… die als Pseudoliten in der GALILEO Test- und Entwicklungsumgebung (GATE) des europäischen Satellitennavigationssystems Galileo zur Simulation von Navigationssatelliten dienen …« *(Wikipedia)* Eine zutiefst bewegende Erkenntnis. Vor allem in dieser so unglaublich bewegten Zeit, in der sogar die unwissende Masse des Volkes ahnen darf, dass wirklich alles abgehört und gespeichert wird, was es von uns zu wissen gibt.

Der Ort nimmt Sie mit. Mitnahme aber ist Bewegung. Wir werden an anderer Stelle hören, dass wahre Macht ohne Bewegung keine wahre Macht sein kann. Die Transformation ändert Ihr Leben.

Königssee bei Berchtesgaden

Tiefenbewusstsein der Schöpfung

Wenn Sie dieses Buch mit großer Bewusstheit lesen, wird Ihnen auffallen, dass die Schalen-Orte, die Berg-Seen, rund ausgeschliffenen Gletscher-Gumpen, die erdzeitalten Toteis-Löcher, Mulden und Schalen, in einer steigernden Reihenfolge angeordnet sind – mit kurzen Exkursionen »nach oben« (zum Tagesbewusst-Sein), um dann wieder abzutauchen in die Tiefe des Verborgenen … aber nur scheinbar Verborgenen: Denn dieses ist stets sichtbar (fotografierbar, malbar), Tag und Nacht.

Sichtbar wie und wodurch? – An den Wirkungen. Alles, was wir sehen im Tageslicht, es kommt »von unten«. Als All-Tag, als Weltengeschen, kurz als Folge der tief verborgenen Ur-Sache (Tiefenbewusstsein, Schöpfungswissen!). Damit ist nicht nur das Tiefenbewusstsein des Einzelnen gemeint, sondern ebenso das kollektive Unbewusste, ja sogar das Bewusstsein der Erde, im Ansatz gar das für Menschen niemals zugängliche Tiefenbewusstsein der Schöpfung!

Am Königssee zu stehen, evoziert sofort diese Tiefen-Wirkung. Sie haben die Gasse der läppischen Andenken-, Folklore- und Pizza-Händler überwunden (auch dies die Polarität des Oberflächlichen im Gegensatz zur Tiefe). Und auch diese »Oberfläche« ist sehenswert, gar weltberühmt:

»Umrahmt von gewaltigen Felswänden ruht er wie ein Fjord in einer der imposantesten Landschaften Deutschlands – smaragdgrün und still – inmitten des Nationalparks Berchtesgaden: der Königssee. Vielleicht ist es gerade diese erhabene Ruhe, die so viele Menschen Jahr für Jahr an den Königssee zieht. Der fjordartig eingebettete See ist acht Kilometer lang, bis zu 1,2 Kilometer breit und liegt 602 Meter über NN. Mit einer maximalen Wassertiefe von 192 Metern bleibt das Wasser des Königssees auch im Hochsommer verhältnismäßig kalt« *(www.berchtesgadener-land.de).*

Das dunkle, seelengrüne Wasser am See, der fast 200 Meter tief reicht, ist anders; die Luft, die Lage, die ätherischen Lockungen, alles ist so ganz und gar anders als an anderen Seen und Gebirgswässern. Denn hier »schläft« der Mythos. Die Volksseele will nach oben – ebenso, wie im unweiten Untersberg ein nimmermüdes »Barbarossa«-Sein ruht. Noch ruht es. Die tiefgrünen Wasser schmiegen sich an jäh aufsteigende Felswände. Das Grün ist hier weniger entspannend als eher angreifend, gefährlich.

Unweit der Anlegestelle Kessel, gegenüber dem Watzmann und der Archenwand, da befindet sich seitlich an einer steil ins Wasser stürzenden Felswand eine Höhle. Von hier aus würde ein Weg zur Gotzenalm und dem Gotzenstein führen. Die saugende, unheimliche Höhle unten (!) bei der

Anlegestelle wird »Kuchlerloch« genannt. Alles ist unheimlich hier: Man sieht den oberen Teil der Höhle, der untere Teil aber reicht tief und weit in den Berg hinein. Das alles bleibt verborgen, bleibt »unten«, im kaltgrünen Wasser des Königssees, den man »grünflüssigen Okkultismus« nennen darf. Denn im letzten Winkel der Höhle, »ganz weit unten« (im Bewusstsein?), da haust ein unguter Geist, der sich aus den Seelen der in der Region Verunglückten, den abrupt aus dem Leben Gerissenen, speist. Königliche Kunst? Eher schwarze Magie.

Sehen Sie den See mit anderen Augen. Ja, er ist schön! Schönheit speist sich, wie so oft, am Leben, an der Vitalität – oder am Abgrund. Oder aus beidem. Der Königssee ist und bleibt ambivalent. Schön und unheimlich: unheimlich schön.

Watzmann

Wie eine Droge, heilend und vernichtend

Mit dem wohl magischsten Berg der Alpen, dem schaurig-schönen »König Watzmann«, einem wahrhaft seelengreifenden Bergmassiv, dessen zumeist schneebedeckte monumentale Gipfelhörner trotzig in den blauen Föhnhimmel ragen – mit diesem verwunschenen König und Herrscher hat es mehr auf sich als nur »Natur erleben«. Und die Vision der Hörner ist auch kein Zufall. Teuflisch! Der Gehörnte, der gefallene Engel: Der Meister der Lüge und Verführung – wie viele junge Burschen sind hier der Verführung erlegen und zugrunde gegangen –, aber auch ein großer Heiler hat hier eins seiner Geheimnisse versteckt. Sichtbar – und damit unsichtbar.

Das Watzmann-Massiv, schon vom wissendsten Maler der Deutschen Romantik, Caspar David Friedrich, genial ins Bild gesetzt, ist schön, lockend – aber eben teuflisch! Und seine legendäre Anziehungskraft weckt nicht nur den Bergsteiger-Ehrgeiz, sondern genauso die in manchen Menschenkindern latent schlummernde Todes-Sehnsucht. Mit jährlich wiederkehrend schrecklichen Folgen, die dann in der Zeitung stehen. Die Kraft des Watzmann-Massives ist so enorm, so unwiderstehlich, dass man das gruselig-schönherrliche Ensemble, diese Sicht-Droge, lieber aus der Distanz »zu sich nehmen« sollte.

»Nach einer uralten Sage herrschte im Berchtesgadener Land ein wilder König namens Watzmann. Höchste Lust war es ihm, die Fluren seiner Untertanen freventlich zu vernichten und deren Leben grausam hinzuschlachten. Für sein höllisches Unwesen traf ihn göttliche Strafe; er wurde samt seiner Familie zum ewigen Wahrzeichen in Stein verwandelt« *(www.watzmann.de).*

Die Sage »sagt« eben alles, was hier wirkt: Größenwahn, Macht-Rausch, Überheblichkeit – und tiefer Fall, Absturz in jeder Beziehung. Kein Wunder, dass die dunkle Seite der deutschen Geschichte im zweiten Drittel des 20. Jahrhunderts sich hier, im magischen Strahlungsfeld von Watzmann, Untersberg – und Obersalzberg – so seltsam grausig wohlfühlte (und noch immer fühlt?) und hier Untergangsvisionen entsprangen, die dem zweiten, dem vernichtenden Teil des Nibelungen-Liedes ebenbürtig sind. Folgendes Zitat einer wahnsinnigen, nibelungisch-schaurigen, dekadent-untergangstrunkenen Gesinnung ist über die Nacht des 21. August 1939 in Albert Speers Erinnerungen zu finden:

»In der Nacht standen wir mit Hitler auf der Terrasse des Berghofes und bestaunten ein seltsames Naturschauspiel. Ein überaus starkes Polarlicht überflutete den gegenüberliegenden, sagenumwobenen Untersberg für eine lange Stunde mit rotem Licht, während der Himmel darüber in den verschiedensten Regenbogenfarben spielte. Der Schlussakt der Götterdämmerung hätte nicht

effektvoller inszeniert werden können. Gesichter und Hände eines jeden von uns waren rot gefärbt. Das Schauspiel rief eine eigentümlich nachdenkliche Stimmung hervor. Unmittelbar sagte Hitler zu seinem militärischen Adjutanten gewandt: ›Das sieht nach viel Blut aus. Dieses Mal wird es nicht ohne Gewalt abgehen.‹«

Zwischen König und Königin, zwischen den Hörnern die monumentale Senke, die schroffen Zacken der »Kinder«:

Jede Tat hat ihre Kinder, alles folgt auf die bereits gedachten Gedanken. Der Watzmann ist Vernichter und Heiler in einem, man muss sich einfach nur entscheiden.

Anger im Berchtesgadener Land

Magischer Ort mit Schönheitspreis

Vorsicht bei der Abfahrt von der »Salzburger« Autobahn! Denn die Abfahrt »Anger« ist nicht ausgeschildert und fast im rechten Winkel zur Autobahn angelegt. Entschleunigung tut also gut, in jeder Hinsicht, egal, ob Sie von München her kommen oder aber von Salzburg/Bad Reichenhall mit Fahrtrichtung München: Irgendwann in Nähe des so typischen Turms von Anger geht's fast im rechten Winkel ab … hin zum magischen Kraftort.

Landschaftsprägend prangt geradezu stolz der schlanke grau-felsige Turm, eine bewusste Pfählung auf hohem steinernem Hügel, weithin sichtbar, absolut unübersehbar. All dies in einer weiten, die Gedankenwelt öffnenden Fläche, das »Land vor den Bergen«: Magische Riesen aus erdzeitenaltem Fels, zu größter Schwere verdichteter Schöpfungsgedanke. »Masse« – in jeder Beziehung des Wortes gerechtfertigt – und alles hier zum Greifen nah. Der landschaftliche Auftakt zum Hochgebirge wird von dem Pfahl des Kirchturmes dominiert. Fühlige Kraftort-Sucher spüren sogar vom Auto aus, wie der erhabene, autoritäre Turm über seine Spitze die Energie von oben »herunterholt«.

Der Ort! Die Lage. Die Magie. Deshalb nannte der legendäre König Ludwig II., der sich in solchen Dingen auskannte wie kaum ein anderer, den verzauberten Flecken Anger sein »schönstes Dorf in seinem Königreiche«. Das Ensemble: Dorf Anger und Kirchenhügel samt Turm bilden ein energetisches Pendant zum gewaltigen Massiv

des Hohenstaufen auf der anderen Seite der Salzburger Autobahn. Das Dorf heißt nicht umsonst Anger: Kennt es doch noch den typischen Dorfanger, der eng von malerischen Wohnhäusern umschlossen wird. Und alles nährt sich von der wundersamen Himmelsenergie der Pfarrkirche Mariä Himmelfahrt.

Doch zuallererst Entschleunigung! Verweilen wir, bald nachdem wir die Autobahn-Abfahrt genommen haben, zu Füßen des Dorfhügels, wo ein kleiner Parkplatz mit der liebevoll platzierten Sitzgruppe zum Verweilen an dem gebirgskühl plätschernden Fluss einlädt. Wir hören hinter uns das Wasser mit seiner immer gleichen, immer neuen Melodie des Lebens, wir sehen das Respekt gebietende Hochgebirge im Süden. Der Zeiten tilgende Untersberg reicht mit seinen unsichtbaren, seelengreifenden Tentakeln bis hierher.

Zeit? Sie bleibt stehen. Der Blick auf die Uhr verrät, wir haben das Zeit-Gefühl verloren.

»Die Zeit ist eine physikalische Größenart. Das Formelzeichen der Zeit ist t, ihre SI-Einheit ist die Sekunde s. Die Zeit beschreibt die Abfolge von Ereignissen, hat also im Gegensatz zu anderen physikalischen Größen eine eindeutige, unumkehrbare Richtung. Mithilfe der physikalischen Prinzipien der Thermodynamik kann diese Richtung als Zunahme der Entropie, d. h. der Unordnung in einem abgeschlossenen System bestimmt werden« *(Wikipedia)*. Soweit die sachlich-schulmäßige Einordnung des wohl interessantesten, Gott und die unfassbare Schöpfungsidee bergenden Geheimnisses für uns »Zeitliche«.

Wir begeben uns nun am magischen Kraftort Anger nach oben, in die unmittelbare Nähe der Kirche Mariä Himmelfahrt mit dem Turm, der als Himmels-Nadel Energie herabholt – und ebenso als abgebender Sender dient. In unmittelbarer Nähe der Kirche wechselt die anfängliche Euphorie in eine ungute Beklemmung. Zu stark sind die Erd-Energien, wie sie hier Körper und Seele traktieren! Im Westen über dem Haupteingang drei Dreiecke: Blicken Sie rechts an der Kirche vorbei, und sehen Sie mit Bewusstsein den unheimlichen Untersberg mit der Mittagsscharte: ein Dreieck mit der Spitze nach unten, die Schale des Grals. Und es wird klar, dass hier ein so deutlich sichtbares, daher unsichtbares Untersberg-Geheimnis ruht, denn der Turm-Sender fängt auf, was die bekannt-dunkle Untersberg-Sage mit dem der Geschichte enthobenen Kaiser Barbarossa, dessen langem Bart und der schlafenden (!) Zeit, die bald erwachen wird, zu »sagen« hat!

»Aus einer philosophischen Perspektive beschreibt die Zeit das Fortschreiten der Gegenwart von der Vergangenheit kommend zur Zukunft hinführend. Nach der Relativitätstheorie bildet die Zeit mit dem Raum eine vierdimensionale Raumzeit, in der die Zeit die Rolle einer Dimension einnimmt.« *(Wikipedia)*

Kein Zufall auch, dass die schwarze Macht Deutschlands der zweiten Hälfte des letzten Jahrhunderts den selbstvernichtenden Russland-Feldzug, ein Untergangs-Unternehmen, das ohnegleichen war und ist, ausgerechnet nach »Barbarossa« benannte …

Zurück zur Zeit (wenn es denn in der Zeit ein Vor oder Zurück gibt): Begeben Sie sich ins Innere der Kirche Mariä Himmelfahrt (nomen est omen), und suchen Sie über der Vierung das Himmelsloch mit der nach oben entströmenden »Raumzeit«.

Halt!

Bleiben Sie da, bleiben Sie in der Gegenwart.

Die Fachliteratur betont an diesem Punkt immer wieder, dass der Begriff »Gegenwart« letztlich schwer zu definieren sei: In einem einzigen Punkt muss die Gegenwart liegen – aber wann …? Oder besser, wo? Wo-Wann! Begriffe der Raumzeit aber, die weder von diesem Gegenwarts-Punkt aus in der Vergangenheit oder Zukunft liegen, müssen zwangsläufig einen »Raum« bilden … o weh. Spüren Sie die Kapriolen in Ihrer Denk-Schale?

Pfarrkirche Uttlau im Rottal

Wo ist das dritte heilige Fräulein?

Wie sehr doch alles zusammenhängt! Da sind die heiligen drei Fräulein oben an der Decke des über 500 Jahre alten Gotteshauses der Pfarrei Uttlau. Drei? Zählen Sie selbst nach. Die dritte Heilige in der Kirche muss schon noch eine Zeit lang gesucht werden. Dem Sucher wird nichts geschenkt. Es braucht Geduld, Übung und Witz, doch dann …! Das wiederum bedeutet für den, der gern herumsucht und verborgene Zeichen und Hinweise liebt, dass es um altes keltisches Wissen geht.

Margarethe, Barbara, Katharina. Die mit dem Wurm, die mit dem Turm und die mit dem Rad. Die dreieinige weibliche Gottheit in Gestalt dreier besonderer Frauen, wie sie später im christlichen Sinne quer durchs Land geheiligt worden sind. Deckenmalereien in Uttlau zwischen den Netzrippen des gotischen Netzgewölbes präsentieren Margarethe mit dem Wurm und Barbara mit dem Turm.

Das alles auf ur-keltischem Terrain. Sogar der offizielle Kirchenführer vermerkt bereits in den ersten, einführenden Zeilen unter »Ortsgeschichte«, dass der Ort Uttlau im sogenannten Steinkart läge und sogenannte Trichtergrubenfelder oberhalb von Uttlau von alters her, seit keltischer Zeit, der Eisengewinnung dienten. Nicht uninteressant auch der Hinweis, dass der Name Uttlau von Utto, Uttilo, Odilo herleitbar ist. Odilo, Odin, Odan – Wotan wartet schon. Nehmen wir diese immer wieder an Kraftorten und heiligen Stätten aufblitzende vorchristliche Kraft also mit einem Schmunzeln hin und lassen den Blick auf die Historie dabei bewenden, dass ein Gottschalch de Utelava im Jahre 1130 die Hälfte seines Besitzes dem Kloster Vornbach übereignet hat.

Vielleicht haben Sie das Quell-Heiligtum in Bad Birnbach besucht und waren enttäuscht, dass diese ehemals herrliche Stätte der Natur und der Heilkraft, das selbst ernannte »Ländliche Bad« nunmehr nach zahllosen Super-Sauna-Landschaftsmoden ebenso durch einen Golfplatz missgestaltet ist wie große Teile des Rottales auch. Noch schlimmer im Ort selbst, von Birnbach her über Haarbach schnell erreichbar: Alles ringsum ist Golf-Resort. Aber trösten wir uns: Gott war, wie stets, vorher da, und jeder wie auch immer sich gestaltende Weltuntergang wird irgendwann einmal auch mit dem Künstlichen, Naturvergewaltigenden aufräumen.

Da liegt der dunkle, aber faszinierende Backsteinbau von Uttlau. Einer der typischen spätgotischen Sakralbauten des ausgehenden 15. Jahrhunderts. Uttlau – reden wir jetzt nicht mehr über Golf, sondern über die Heiligkeit des Ortes – fügt sich in das marienselige Konzert der Orte Haarbach, Rainding, St. Salvator, Grongörgen, Parzham, Hölzlberg, Fürstenzell, Aldersbach,

P

Bergham, Wolfakirchen und viele mehr, die einen Besuch oder eine persönliche Wallfahrt wert sind. Der Kenner spürt die keltische Urenergie sofort.

Vom nahen Parkplatz her schreiten Sie die wenigen Stufen nach oben. Bereits am Eingang fesselt Sie das eigenartig geschlossene Malteserkreuz. Ein Sonnenrad? Finden Sie das Schweißtuch der Veronika mit dem Antlitz des Erlösers, innen an der Ostseite des Triumphbogens. Jede dieser seltsamen Darstellungen Christi – vergessen Sie nicht, stets spiegelverkehrt! – hat etwas Magisches, was gar nicht zu der offenen Lehre des Meisters der Nächstenliebe passen mag. Jesus ist ehrlich, geradeheraus und alles andere als ein Spiegelbild seiner selbst oder der göttlichen Heilsidee. Jeder Spiegel lügt, auf seine Weise. Warum also ist die Schweißtuch-Darstellung Christi, das Spiegel-Antlitz, so beliebt in der Kunst? Jedenfalls berichtet die Bibel nichts von derartigen Verdrehungen.

Die Kirche nimmt gefangen in dem Moment, da Sie die Schwelle überschritten haben. Das liegt am Ort, am Licht, also in jeder Weise an der Schwingung. Der Ort ist heiligend. Schauen Sie nach oben. Herrliche Deckenmalereien zwischen den Netzrippen. Sie finden Margarethe mit dem Wurm, dem Drachen, und Sie sehen auf der anderen Seite Barbara mit dem Turm. Wo aber ist Katharina, die der keltischen Wilpet (die mit dem Rad) entspricht? Lange habe ich mit der Mesnerin nach einer Lösung gesucht. Ihr war die Tatsache der fehlenden »Dritten« selbst nicht aufgefallen. Das nicht Sichtbare ist deutlich sichtbar und an zentraler Stelle. Aber keiner sieht's! Im vorderen Teil der Kirche, wieder oben im Gewölbebogen des Langhauses, die unübersehbare Maria! Sie ist von einer rechtsdrehend kreiselnden Sonne mit ekstatisch züngelnden Flammen gerahmt: Katharina mit dem (Sonnen-)Rad! Diese Gottesmutter und Katharina bilden die Spitze eines Dreiecks mit den beiden anderen heiligen Frauen als Basis. Hier ersetzt offensichtlich die Madonna, als die bekannte weibliche Gottheit des Christentums, die wohl wichtigste Bete des keltischen Vorhimmels. Himmel? Wo es doch zur Zeit der Ahnen weder Himmel noch Hölle gab, aber eine lockende Anderswelt.

Erfreuen Sie sich an Kain und Abel an der Westseite des Chorbogens. Kurioserweise opfert Kain die Gaben des Feldes und Abel das Tier … Der Teufel aber hat Kain bereits am Wickel. Eine Verwechslung des damaligen Künstlers?

Verlassen Sie die wuchtige und extrem erdangebundene Kirche von Uttlau, die sehr viel Kraft in ihrem Inneren bündelt. Ein zu erwartendes, aber doch eher seltenes Phänomen. Erinnern Sie sich an viele meiner Kirchen-Beschreibungen. Da lag die Erdkraft immer außen.

Und doch: An der Südseite, dort, wo der südlich angesetzte Turm hochragt, grüßt ein wahrhaft okkultes Gesicht, eingerahmt in ein kreiselndes Sonnenrad, etwa in zehn Metern Höhe. Wieder ein Gruß von der faszinierenden und erdkraftwissenden Kultur, der wir alle entstammen und die unser Ahnengedächtnis mehr denn je speist. Bei aller Heiligkeit der neuen Religion, die in unseren Tagen ihre ortsgebundenen Vorläufer zu erkennen lernt.

Sulzschneid neben dem Auerberg

Die Madonna und ein Zeitentunnel

Der Kraftortkenner weiß, dass das gesamte Areal rund um den von einer Keltenschanze gekrönten Auerberg im östlichen Allgäu Magie pur ausstrahlt. Liegt der energetisch das Umland beherrschende Bergkegel doch selbst auf einer Geraden zwischen Marktoberdorf und Steingaden und bildet deren Mittelpunkt. Man nennt solche zumeist schnurgeraden Verbindungen mehrerer ausgewiesener Kraftorte »Schlangenpfade« oder »Drachenlinien«. Tatsächlich: Die Fortsetzung dieser Kraftlinie Marktoberdorf bis Steingaden in Richtung Südosten führt uns direkt zur legendären Wieskirche mit dem wunderwirksamen Jesusbildnis als Schmerzensmann. Ein ausgewiesen heiliger Ort, der ebenso dem »Bayerischen Jakobsweg«, einer kreuzenden Kraftlinie zwischen Passau und Lindau, einbeschrieben ist.

Hier in der Gegend des östlichen Allgäus lässt sich nicht nur der kultige Auerberg, diese weithin sicht-, fühl- und energetisch so spürbare, weil Urkraft entsendende Erhebung mit den feineren (auch den religiösen!) Sinnen erkennen. Wanderer und Ausflügler, Motorradler und Biker, Pilger, Heimat-Historiker, Keltenfreunde, Kirchenliebhaber, Gottsucher und Kraftortfinder werden von dem Berg, auch von dem ihn überhöhenden Gotteshaus St. Georg und der näheren Umgebung, gleichermaßen angezogen und fasziniert. Auf seine Weise ist der Auerberg ein wirklicher Magnet.

St. Georg! Wie immer auf Drachenpfaden ein unübersehbarer Hinweis: Geo- die Erde, Georg der »Erdordner«. Er pfählt den Drachen, die Erdkraft, im Christentum als Kampf des Guten gegen das Böse dargestellt. Aber so böse ist die Erde (das Weibliche!) nicht. Das bringt uns zum heiligen Ort und zur Kraft der Madonna.

Nicht weit weg, ein kleines Stück südwestlich, findet sich der malerische Ort Sulzschneid. Von München aus über Buchloe, Kaufbeuren, Marktoberdorf und schließlich das kleinere Stötten gelangt man in eineinhalb Stunden dorthin. Im Konzert »heiliger Orte«, spielt das kleine Sulzschneid mit: ausgewiesene Plätze, Stätten, die urreligiöse Gefühle ansprechen, und die Urbotschaft des Christlichen auf volksverbundene, charmante, beeindruckende, diskrete und doch wieder bezwingende und frappierende Weise transportieren. Wer in den übersichtlichen Ort hineinfährt oder -wandert, wird feststellen, dass erdende und ebenso erhebende Energien sehr schnell wechseln können. Ein energetisches Wechselbad. Insgesamt ist die heilende Wirkung, hervorgebracht durch weite und gesunde Wälder und Wiesen ringsum, unübersehbar, besser: unüberspürbar. Für den, der fühlen kann. Die Gegend bietet übrigens ein Eldorado für fortgeschrittene Kraftortsucher.

Wir nähern uns der Kirche Sankt Pankratius von der Südseite her, treten durch ein Tor in den umgebenden Totengarten. Der Postkartenblick vom Friedhof aus zurück nach Süden über die Mauer auf die Alpenkette ist geradezu betörend. Betörend schön. Schönheit, wohlgemerkt, natürliche Schönheit ist zumeist ein sichtbarer Ausdruck des Heiligen. Dann betreten wir vom südlichen Eingang her das Gotteshaus. Wie üblich bei weise angelegten Dorfkirchen müssen wir durch einen abladenden (Sünden und schlechte Gedanken absorbierenden!) Vorraum, den rechts ein gequälter Christus, der sogenannte Schmerzensmann, links eine Ölbergszene bestimmen. Das Leid der Erde als Vorspiel zum Himmel. Wir sind in einer christlichen Kirche.

Im Inneren belohnt wohltuende Lichtfülle für den Ernst des Ankommens. Gleich fällt auf, wie Madonnen-zentriert dieser kleine, aber feine Tempel der Hingabe im Allgäu ist. Weibliche Energien dominieren. Kopf hoch! Nehmen Sie das wörtlich: Heben Sie den Kopf. Hoch über Ihnen zeigt das Deckenfresko Maria: im Zentrum des Glaubens schwebend. Der Mittelpunkt der

Kirche reißt förmlich nach oben. Was für ein guter Platz! Geben Sie sich der kleinen Himmelfahrt ruhig hin. Maria über Ihnen, von Engeln umschwebt, vom Gottvater überhöht. Männlich-weiblich als biopolares Wechselspiel des Heilenden und Heiligen. Doch diese Kirche ist an allen »strategischen« Punkten der inneren Linienführung unserer Heiligen Jungfrau gewidmet. Rechts vor dem Altarraum ein wunderbarer Bildstock der Madonna. Und dann, direkt im Zentrum der Sichtachsen und der Gedankenlinien, das Altarblatt, also das große Gemälde über dem Hauptaltar: Madonna! Himmelskönigin!

Bei diesem »zeitlosen« Gemälde wird es nicht nur interessant, sondern gar aufregend und zeitübergreifend. Schauen Sie genau hin. Maria schwebt über dem Ort Sulzscheid. Deutlich sichtbar ist eben die Kirche zu sehen, in der Sie als Besucher in diesem Moment stehen und staunen. Sie sehen also aus der Ewigkeit zurück ins Jetzt, in eine Vergangenheit, die aus Ihrer momentanen Betrachtungsweise heraus betrachtet Zukunft ist … Zeit ist nicht gleich Zeit, an diesem Ort schon gar nicht. Sie stehen vordergründig inmitten einer malerischen Dorfkirche, de facto aber in einem Zeit(en)loch.

Ansonsten sind die männlichen und weiblichen Pole in der Kirche umgedreht. Normalerweise ist – mit Blick von der Orgelempore zum Altar – immer links das Weibliche, rechts das Männliche. Hier aber stehen die Madonnen rechts, Josef dagegen links. Die »Umkehrung« der Pole bewirkt eine rechtsdrehende energetische Spirale, die im Zentrum des Kirchenschiffes, übrigens genau zwischen den Beichtstühlen, nach oben saugt. Genießen Sie diese herrliche Himmelfahrt! Oben an der Decke (siehe weiter vorn im Text) wartet ja Maria auf Sie. Diese seltsame Energetik lässt sich auch außerhalb des auf so sinnige Weise zum Glauben mahnenden Gotteshauses erkennen. Apropos Umpolung: Links in der Kirche finden sich auch die Kanzel, darüber der urmännliche Erzengel Michael, der Luzifer im wahrsten Sinne »zum Teufel haut«. Der Teufel hier wirklich als solcher und nicht als Drache, also urweibliches Symbol.

Vielleicht findet in der kleinen, aber energetisch so fein ausgeklügelten St.-Pankratius-Kirche von Sulzscheid mancher zum Glauben, der sonst nichts spürt, der zweifelt oder gar gleichgültig ist oder nur in monumentalen und anerkannten Andachtsstätten wie Altötting »reagiert«. Die Zeitschleusen-Kirche von Sulzschneid hat es in sich. Denn: Gott ist überall.

Erinnern Sie sich noch an die Passage im Text, als Sie imaginierend vor dem Marienaltar standen und aus dem »Bald« zurück ins »Nun« blickten, ein stets sich selbst gebärendes »Jetzt«, das war oder ist oder sein wird …? Zeitlöcher gebären Querdenken, sie sind für uns Menschenkinder nur mit valentineskem Denken begreifbar. Und mit Humor. Humor ist ein Stück Ewigkeit mit Erdanbindung (Humus!); Gott ist der Humor.

Seeg im Allgäu

Die magische Glocke auf dem Pestfriedhof

Der magische Auerberg ist für Kraftortfreunde ein Muss. Römische Ausgrabungen, vor allem aber die deutlich sichtbaren Reste der rechteckigen Keltenschanze, heute südlich der alten St.-Georgs-Kirche gelegen: Oben, dort, wo das Herrschaftsdenken sich ebenso schnell einstellt wie der »Überblick« – nicht nur als schöne Aussicht, sondern Überblick in jeder Beziehung, vor allem über die Gruppenseele: Solche Mixtur aus Ort und Ortsgeist und einbeschriebener Gruppenseele lässt weit fliegende Gedanken denken: schwebende morphogenetische Felder; frei fliegende, spektralfarbene Ideenfalken, die woanders (andernorts) so nicht »denkbar« waren. Der Ort denkt eben mit. Der Ort ist magisch. Auswirkungen echter Magie zeigen sich aber nicht nur im

momentanen Erleben – sondern in dem, was das heutige Modewort »Nachhaltigkeit« recht effizient wiedergibt. Der Ort lockt, die Umgebung macht süchtig. Man muss immer und immer wieder hin. Ein Leben lang. Nebenbei, das ist ein sehr erträgliches Schicksal.

Gar nicht weit weg vom Auerberg liegt Seeg. Der Pestfriedhof ist zunächst gar nicht zu sehen. Mich lockte ein wahrhaft magischer Hügel, der etwa einen Kilometer nördlich von Seeg, deutlich sichtbar, in der Weise aller wirklichen magischen Orte energetisch »strahlt«. Die Erhebung lockt, Sie folgen der Lockung: Oben entdecken Sie, von unten nicht sichtbar, ein magisches Viereck, zumeist aus Hexensträuchern, allem voran Hollerbusch (Holunder). Im Inneren der Anlage eine Pestkapelle, dem Hl. Rochus geweiht; die dargestellte Person ist aber eindeutig der Jakobus des Jakobsweges. In der südwestlichen Ecke des Areals ruht fest verankert eine haushohe Pestglocke: Die klingt auch dann, wenn sie stumm ist. Der energetische Raumklang mahnt, ruft, weckt, heilt.

Wir erfahren auf einer breiten Votiv-Bildwand im Inneren der Kirche, dass in den Jahren 1627/28 die Pest ihr grausiges Zepter schwang; der Schwarze Tod holte sich etwa 750 Menschen, die hier ruhen. 1635 wurden nochmals Hunderte hinweggerafft. »Erste urkundliche Erwähnung 1147: Aber die Geschichte von Seeg reicht weit zurück: 15 v. Chr. besiegte der römische Feldherr Drusus die Kelten unserer Gegend. Diese gehörten nun zur römischen Provinz Rätien. 760–770 n. Chr. wurde mit großer Wahrscheinlichkeit der Reichshof Seeg mitsamt der Reichspfarrkirche als Mittelpunkt der Zentene Seeg gegründet.« *(www.seeg.de)*

Berühren Sie die schwere Glocke hier auf dem magischen Feld. Zufall, dass die Sage von Seeg um eine Glocke kreist?

Die Sage der versunkenen Glocke

»Die Seeger hatten in alten Zeiten auf ihrem Kirchturm eine außerordentlich hochgeweihte und wundervolle Glocke, deren mächtiger Schall alle Wetter vertrieb und daher im Ort und in der ganzen Gegend berühmt war. Im Schwedenkrieg fürchtete man nun, der Feind könnte das kostbare Besitztum entführen, wenn er von dessen Kraft und Macht Kenntnis erhielte. Um dieses zu verhindern, nahm man vor Ankunft der Kriegshorden die Glocke vom Turm herab, um sie bis zur Friedenszeit im Seeger See an einer bestimmten Stelle zu versenken, wo sie niemand vermuten und suchen würde. Allein die schwere Glocke versank so tief im Schlamm, dass man sie nicht mehr herausbringen konnte. Im Krieg und bei der Pest kamen dann noch viele Menschen um, dass bald niemand mehr da war, der die rechte Stelle wusste. Und so liegt die Glocke bis heute noch tief im Seegrund versenkt.«

Alpsee und Schwansee

Das tiefgekühlte Geheimnis der Wiedergeburt

Jeder See braucht die Form, die Schale, das Gefäß. Ohne Form kein materielles Sein: Wasser ohne Form des Beckens ergibt niemals den Seins-Zustand »See«. Die Form gehört dazu, die Bewegung und der Geist … Ein Grals-Geheimnis, übrigens sogar ein Schöpfungsgeheimnis: Wie sollte Gott die Erde formen, nur mit Gedankenkraft und Licht – ohne eine Form dafür zu finden?

Im Ostallgäu, unweit von Füssen, auf einer der wichtigsten Drachenlinien Bayerns (reicht von München über die Roseninsel, den Hohen Peißenberg und die »Wies« bis Neuschwanstein), unterhalb der magischen Schlösser Hohenschwangau und Neuschwanstein, liegt der gründunkle Alpsee, nur durch einen Bergrücken getrennt von jenem See, der nach dem Seelenlicht-greifend-archetypischen Wappentier genannt ist: dem majestätisch weißen, alle guten Gedanken beflügelnden Schwan.

»Der Schwan ist ein besonderes Seelentier und hat mit seiner Grazie schon immer die Menschen inspiriert. Die Anmut des Schwans scheint in der Kulturgeschichte dazu beigetragen zu haben, dass er in der Symbolik auch diese Eigenschaften repräsentiert. Der weiße Schwan galt als Symbol des Lichtes und der Reinheit, der Reifung und

Vollendung. (…) In der Religionsgeschichte vieler Völker sind Schwäne die Begleittiere eines Gottes« *(www.symbolonline.de)*. Warum jener umtriebige Göttervater der antiken Denkwelt Leda wohl als Schwan heimsuchte? Aber ein Gott der Antike wird schon wissen, was er tut.

Pilgern wir nach dem Besuch von Hohenschwangau und Neuschwanstein hinab zum Alpsee. Gerade die Abendstimmung mit schräger Sonne bringt den »Geist« des mit brunnenklarem Wasser gefüllten Eiszeit-Beckens zum Schwingen. Nur im Südwesten ist der von gebirgigem Grün umgebene See zu einer Bucht erweitert. Die Oberfläche des mit dunkeltannigem Gebirge gerahmten, das Grün, Rot oder Weiß der Jahreszeiten widerspiegelnden Gewässers von 8,8 Quadratkilometern birgt unter der glatten »Oberfläche« einen ansehnlichen Abgrund: Immerhin 62 Meter geht es nach unten. Hier, über und unter dem Wasserspiegel, atmet immer noch das morphogenetische Feld der Späteiszeit. »Alles« war hier dereinst See, bis der langsam (sehr langsam!) abfließende Lech-Gletscher sich dem Aggregatzustand »Wasser« hingab. Nach einem Besuch von Neuschwanstein sollte der gedankenschwere Tag unbedingt hier »unten« an dem kieselhellen Halbkreis der Bucht ausklingen. Das Wasser ist so klar, dass jeder einzelne Kieselstein zu sehen ist, bis die dann tiefer werdenden Wasser das magische Grün der Unendlichkeit über alle sich abzeichnenden Formen breiten.

Nördlich des Alpsees, inmitten des ehemaligen Gartens von Schloss Hohenschwangau, da liegt der kleinere Schwansee. In ihm spiegeln sich die rahmenden Bergzüge des Schwarzenbergs und des Kienberges. Und wer hier steht, der glaubt, »das Geheimnis« greifen zu können. Mutter Erde atmet langsam, aber kraftvoll, der schwere Erdatem ist spürbar an jeder Stelle, die vom Ufer aus zugänglich ist. »Wie der Alpsee ist auch der Schwansee ein Relikt des ehemaligen großen Füssener Sees, der durch das Schmelzwasser des späteiszeitlichen Lechgletschers entstand. Sein Wasser kommt größtenteils aus dem höher gelegenen Alpsee und wird über einen Wassertalgraben abgeleitet …« (Gärten- und Seenland Bayern, S. 145).

Fließende Energie also. Wenn Sie das dauerverzauberte Neuschwanstein besuchen und auf halbem Wege Richtung Pöllathschlucht und Marienbrücke wandern, dann sehen Sie mit Blick auf den Alpsee – den Drachen. Und aus der Tiefe des untersten Bewusstseins steigt ER auf. Unsterblich, denn mit Geisteskraft waltend. Ein Geheimnis, das kühl lagert, sogar an lichtflirrenden Sommertagen.

Oberallgäu, Wallfahrtsort zur Muttergottes auf dem Stock

Wunder sind von sich aus bescheiden … Warum aber suchen sie sich alle so wunder-bare Kraftorte aus?

Immer auf der A96 Richtung Lindau, also eine Zeitreise ins Allgäu. Der Weg ins Allgäu bedeutet mehr denn einen Weg: eine Reise ins Zeitlose. Weil im Allgäu, dem »bayerischen Tibet«, da ticken die Uhren noch auffälliger anders als die in Ober- oder Niederbayern. Diesmal aber nicht bis Memmingen, Kaufbeuren, Oberstdorf oder gar zum magischen Auerberg. Sondern schon früher genau gen Süden die Autobahn verlassen: Abfahrt Buchloe oder Waal, dann – Richtung Waal. Auf den Schlangenstraßen über sanfte Hügelchen, die der liebe Gott persönlich »designt« hat – der erhabene Weltenschöpfer ist ein fantastischer Landschaftsarchitekt! –, hinein ins Licht, den südwestlichen Alpen zu. Und nicht zu schnell fahren. Lieber schauen, sich treiben lassen.

Ein Tag zwischen Sonne und Wolken, zwischen schön, bedeckt und unentschlossen; ein Tag zwischen den Zeiten. Denn die Wallfahrtskapelle zur Schmerzhaften Muttergottes auf dem Stock, die liegt in einem Raum- und Zeitenloch. Die Zeitlosigkeit, das ist die Zeitspanne des Wunders. Das kennt weder die Gesetze der Erde noch der menschlichen (Schein-)Logik. Das Wunder geschieht – oder nicht. Warum aber suchen sich alle Wunder, die verzeichnet und »wahr« sind, so wunderbare Kraftorte aus? Weil an magischen Orten (Sie wissen es aus vielen Büchern und Führungen) ein alle Lebenskräfte beeinflussender Magnetismus herrscht. Tellurische Trichter saugen nach oben oder nach unten; die Kraft von

Wasser ist immer da, und die Erdrotation entfaltet hier eine andere Polarität als anderswo: Das schöpfungsbedingte Spiel der Kräfte trifft sich am magischen Ort, gibt sich ein Stelldichein. Erdanziehung und Fliehkraft vermählen sich. Die Seele wird schwerelos. Da aber vieles von diesem Kräfte-Tanz für Menschengeist unerklärbar bleibt: Wunder werden wahr.

Und irgendwann, nach dem malerischen Waal, auf Asch zustrebend: Links ein auf den Hügel gegossenes Wirtshaus, zur Linken die Wunderkapelle. Sie spüren die Kräfte schon von der Straße aus. Denn wer den Wald gehend erkundet, dem wird ein imposantes keltisches Hügelgrab auffallen. Der kleine, zu Wirtshaus und Kapelle gehörende Parkplatz zwingt geradezu zum Verweilen. Sie lesen auf einer Tafel folgende Inhalte:

»(…) Die Kapelle, so wie sie sich dem Pilger präsentiert, wurde 1703 errichtet. 1647 ließ der Acher (sic) Schlossherr Christoph Freiherr von Freyberg eine Holzkapelle bauen: Dazu wurde eine Buche gefällt, in deren Baum-Stock fand sich … das Vesperbild!« Die Wunder-Pietà wird deshalb auch »Maria im Stock« genannt. Vor der Gnadenkapelle von 1703 stand bereits das Kirchlein St. Vitus, das obiger Freiherr 1647 gestiftet hatte. Doch die Geschichte der Madonna bleibt aufregend bis in die Zeit der extrem wunderlosen Studentenrevolten: Das Gnadenbild in der Wallfahrtskapelle wurde im Jahre 1968 gestohlen. Heute steht dort eine ähnliche Pietà als Ersatz.

Umrunden Sie die Kapelle, die innen mit einem Jakobus überrascht. Die weite Wiese ist von Adern der verschiedensten Lebenssäfte unterfangen (Rutengeher-Eldorado), eine hölzerne Sitzgruppe unter sechs Tannen rät zur augenblicklichen Zeit(en)reise. Die nahe Lichtung spendet heilende Energie: Sie gewahren einen Lichtstrom, der in Ihre Seele dringt und sich mit dem pulsierenden Rot des magischen Lebenssaftes in Ihren Adern und Venen verbindet.

Abschließend zu dem spirituellen Real-Krimi um Stock, Stein(kapelle) und Madonna ein Zeitungsartikel. Finden Sie zwischen den Zeilen.

»Gestohlene Pietà kehrt in Stockkapelle nach Asch zurück. Fuchstal – Mehr als vier Jahrzehnte war die Schmerzhafte Mutter Gottes aus der Stockkapelle in Asch verschwunden, bis sie plötzlich auf wundersame Weise wieder auftauchte. Und am Freitag, 13. Mai, kommt die über viele Jahrhunderte hinweg hoch verehrte Pietà endlich wieder zurück an ihren Platz in der Wallfahrtskapelle. Die Rückkehr der Schnitzfigur, die am 13. Mai 1968 – also vor rund 43 Jahren – gestohlen worden war, ist für die Gläubigen aus dem ganzen Umkreis ein Grund zur Freude, der feierlich begangen wird – und zwar genau wieder an einem 13. Mai, an dem Tag, an dem die Pietà einst aus der Kapelle entwendet worden war. (…)

Um die Rückkehr der Mutter Gottes mit dem Leichnam des Jesus Christus hatte sich der jetzige Schongauer Stadtpfarrer Bernhard Mooser schon seit vielen Jahren bemüht, nachdem er 1994 (damals war er noch Pfarrer in Asch) einen konkreten Hinweis erhalten hatte und dieser Spur dann konsequent nachgegangen war, was dann auch zum Erfolg führte …« (*Merkur-online.de*, Ausgabe Lechrain, 11.5.2011).

Nördlinger Ries

Gewalt schafft Gestalt

Es ist alles erst 14,6 Millionen Jahre her. Eigentlich nicht viel, für Raumzeit-durcheilende Kraftortfreunde ist das lediglich ein Spaziergang. Begeben Sie sich auf die Zeitreise in das magische Dreieck zwischen München, Nürnberg und Stuttgart. Richtig, diese durchaus traditionsbehafteten Städte waren vor weit über zehn Millionen Jahren noch nicht einmal »angedacht«. Von wem auch? Und dann der Einschlag! Es ist wirklich besser, wenn Sie, lieber geneigter Leser, diese kosmische Katastrophe nur geistig miterleben. In Wirklichkeit war damals an Ort und Stelle alles, was lebendig hätte sein können platt. Erledigt. Das Leben hatte sich, wohl weltweit und für einen längeren Zeitraum, selbst entschleunigt.

Jeder Freund und Kenner, wenn nicht gar Ausübende der Magie, liebt und schätzt den Kreis. Und das Nördlinger Ries ist kreisrund, die Flächenausdehnung schwankt zwischen 22 und 24 Kilometern, die Fläche zwischen den Umrandungshügeln beläuft sich so um die 384 Quadratkilometer. »Der Krater ist aufgrund seiner Größe und der starken Verwitterung nur aus der Luft deutlich zu erkennen. (…) Der heutige Kraterboden (…) liegt rund 100 bis 150 Meter unterhalb der umgebenden Hochflächen der Schwäbisch-Fränkischen Alb…« *(Wikipedia)*

Kreismagie der Schöpfung: Sogar magische Innenringe hat die kosmische Kraft modelliert. »Eine Ausnahme bildet lediglich eine ringförmige Hügelkette im Inneren des Kraters (Innerer Wall, Innerer Ring oder Kristalliner Ring), die das Nördlinger Ries als komplexen Impaktkrater kennzeichnet und von einfachen, ›schüsselförmigen‹ Kratern unterscheidet. Bestandteile des inneren Ringes sind zum Beispiel die Marienhöhe bei Nördlingen, der Wallersteiner Felsen oder der Wennenberg bei Alerheim.«

Und natürlich Nördlingen. Wir sind auf den Turm gestiegen, den berühmten Daniel. Diese 90 Meter hohe, im Jahre 1454 begonnene »kosmische Antenne« mit der urbiblischen Benennung »pfählt« den magischen Platz genau an der Schnittstelle zweier Kraftlinien: Die gotische Kirche ist nicht umsonst nach St. Georg (Geo!), dem Erd-, dem Drachen-Pfähler benannt. Und wir sehen am höchsten Punkt der Stadt … Was sehen wir? – Die Zeit. Probieren Sie es aus. Stellen Sie sich die unglaubliche Dynamik, Wucht, verheerende Energie des Kometen-Einschlages vor: Was für eine Bewegung! Zeit aber bleibt stehen, beobachtet das Bewegte und das Bewegende und denkt nach über das Problem der Mehr-Dimensionalität, vielleicht auch der Relativität …

Bereits in der Altsteinzeit (genauer: im Spätpaläolithikum) war hier eine Menge »los«. Das belegen Funde in den Ofnethöhlen (aufsuchen: magischer Ort!).

Aber auch die für Kraftortfreunde so interessante heidnische Zeitenspannen (»Keltenzeit«, Bandkeramik-Zeit, Urnenfelderkultur, Hallstatt- und Latènezeit) geben sich im Nördlinger Ries ein energetisches Stelldichein ... Und natürlich die Römer. Aber wo waren die nicht?

Der Ort schafft die Bedingungen, und die Bedingungen schaffen (oder sind bereits) Historie. Lesen Sie nach in »Magische Schicksalsorte in Bayern«. Es ist die bannende Geschlossenheit des Kreis-Kraters, das nie endende energetische Kraftfeld des kosmischen Einschlages, der totalen Verwüstung – die wie immer: Leben hervorbringt. Ordo ab Chaos. Ordnung (Leben) nach der Verwüstung: Das hat keine weltverschwörerische Geheimgesellschaft erfunden – sondern die Welt. Sogar die Genesis beginnt mit einer kreativen Vor-Wüste (»Die Erde war wüst und leer ...«)

Gewalt schafft Gestalt. (Steht in keinem Religionsbuch! Und ist doch Kernidee der Bibel.) Und im »Nördlinger Krater« entwickelten sich Leben, Geschichte, Schicksal besonders lebendig. Schon im 6. und 7. Jahrhundert lässt sich eine alemannische Siedlung nachweisen. Man hat drei Reihengräberfriedhöfe aus dieser Epoche entdeckt. Nordilinga: im Jahre 898 als karolingischer Königshof urkundlich erwähnt ... 1215 verlieh kein Geringerer denn Kaiser Friedrich II. Nördlingen die Stadtrechte. Und immer wirken das Kraftfeld und die magischen Flusslinien. An der Kreuzung zweier Handelsstraßen (Frankfurt/Würzburg–Augsburg und Nürnberg–Ulm), da fokussieren sich: Kraft, Leben, Zeit. Überhaupt, die Zeit.

Sankt Jakob in Cham

Der »Heilige mit der Schwiegermutter«

Für den Kraftortfreund ist der Bayerische Wald ein spiritueller Erlebnispark. Vielleicht liegt dies an der Erde und Erdgebundenheit, an dem uralten Gestein, dem radioaktiv aufgeladenen Quarz des Pfahls oder an dem bis in die Tiefenseele hinein blasenden böhmischen Wind. Dann ist da noch ein unbenennbarer Natur-Okkultismus in der Gruppenseele eines jeden Waldlers, ein angeborener Sinn fürs Verborgene, der auch die dunkle Flut tiefsinniger Sagen bedingt.

Und erst all die Grusel- oder Heiligengeschichten und Legenden, die das Becken der Seele für einen kurzen Moment des Erzählens auszuloten vermögen! Hier ist das Denken anders: Die Augen der Ortsgebundenen lassen, im Wortsinne, tief blicken. Humor und Glaube kommen nicht zu kurz, und das Heilige fühlt sich hier so daheim wie das Unheimliche.

Cham bildet mit Neunburg vorm Wald, Waldmünchen und Furth im Wald eine Raute (also das Einweihungszeichen in Bayern, das vom nicht allzu weit entfernten Bogen und den Grafen von Bogen abstammt; siehe auch »Magische Orte und Wege in Bayern«), wobei das am Regen liegende Cham die untere Spitze und Waldmünchen die obere Spitze der Raute darstellen.

Beginnen Sie die Suche nach dem »Heiligen« am Regenbogen. Dies hört sich recht poetisch an und von abgehoben esoterischem Wirrsinn durchwoben; ist aber (wie alles in der Gegend) sehr direkt, praktisch und bodenständig zu verstehen. Cham liegt am Regen (gemeint ist der moorig-erdige Fluss Regen), und dieses eigenartig dunkle Gewässer beschreibt hier einen malerischen Bogen. Eben den Regenbogen. Dort ist auch der schönste Platz Chams; suchen Sie das Biertor, ein in Rot gehaltenes Tor aus der ehemaligen Stadtmauer. Es ist als einziges von vier Stadttoren erhalten. Ursprünglich nannte man das Biertor Burgtor, da es auf dem Gelände des angrenzenden Altbaues der Chamer Burg stand. Auf dem sich vor diesem Tor auftuenden Platz mit Flusswindungen, Wasserfällen, sinnig platzierten Bänken und Wiesen musste ich einen Tag verbringen – so wohltuend ist die Kraft des »magischen Ortes« hier.

Die Geschichte der Stadtpfarrkirche Cham lässt sich bis ins Jahr 1210 zurückverfolgen. Auf diese frühe Entstehungszeit verweisen Mauerreste im Turmbereich und der faszinierende gotische Chor. Wir haben uns am soeben beschriebenen Regenbogen energetisch aufgeladen, sind entspannt und zu Fuß den leicht ansteigenden Weg durch eine gewachsene Altstadt hierhergelangt. Der Platz vor der Kirche und deren wuchtigem Hauptportal mit hohen Stufen, die Westseite also, erweist sich als auffallend wohltuend und aufladend. Dem genauen Beobachter, der im Zufall niemals den Zufall sieht, fällt über dem Hauptportal das Schweißtuch der Veronika auf, darüber befinden sich drei Frauen. Wieder das dreifach Weibliche!

Innen im Sakralraum reißt eine Energiespirale sofort nach oben. Diese Kirche besitzt wunderbare Himmelfahrts-Energien, was überrascht, denn wir haben hier im Bayerischen Wald wohl eher mit einer sehr abladenden Situation gerechnet. Dann das gleichschenklige Dreieck im Kreis (!) über dem Altar. Christus begegnet uns hier sowohl in der oberen als auch in der unteren Welt als Dreiheit.

Bevor der Besucher als Hauptereignis des Heiligen Ortes den Pilger Jakobus entdeckt, wissend, dass er auf dem berühmten Jakobsweg ist und somit uralte christliche Pilgerenergien aufnimmt (auch Kräfte, die wesentlich älter sind), möge er sich rechts am Portal des Chorraumes den imposanten Drachenstich des Heiligen Georg ansehen. Durch Maul und Halsschlagader wird der bedauernswerte erdige Wurm hier getroffen – und ganz sicher tödlich. Der Kraftortfreund weiß längst, dass solche »Mahnmale« neben der christlichen Aussage (das Böse wird besiegt) stets eine Drachen-Linie kennzeichnen, die belebende Flusslinie der Erdkraft, der mütterlichen, weiblichen Urkraft des Lebens selbst; nichts anderes als vitale Lebenskraft, die »gepfählt« wird.

Eine spaßige Bemerkung des freundlichen Mesners, der mir an dieser Kirche viele verborgene Geheimnisse gezeigt hat, wird diese Gleichsetzung mit »weiblich« und »Drache« illustrieren: »Und hier der Heilige, der immer mit seiner Schwiegermutter gezeigt wird …!« Zugegeben, ich bin schon vor unzähligen Georgs- oder Michaels-Statuen sinnend gestanden, aber diese Denkweise war denn doch neu. Humor darf immer dabei sein, wenn es um Heiligkeit geht. Da sind wir schon wieder beim Weiblichen. Denn Humor kommt von Humus: Erde also, Gaia, Erdkraft, Mutterwitz. Nicht vergessen: Über dem Haupteingang Veronika und drei Frauen!

Rechts oben neben den Altarstufen steht dann der heilige Jakobus: Er hat alle Attribute bei sich, die zu seiner Erscheinung und tiefen Symbolik gehören. Einen weiten Mantel, sogar mit Goldüberwurf. Wanderfeste Stiefel, den bekannten Pilgerhut mit der Muschel auf der Krempe. Dazu hält er den Wanderstab, an dem die runde Wasserflasche baumelt. Interessant die Blickrichtung! Schaut er doch direkt hin zur Madonna auf der Mondsichel. Der Weg des Jakobus ist eine Datenautobahn des heiligenden Denkens, alle Stationen verweisen neben dem Sichtbaren, dem Körperlichen auf eine höhere geistige Wirklichkeit. So auch hier. Hinschauen, kombinieren. Die Jakobsfigur steht über dem einstigen (!) südlichen Seiteneingang. Heute ist dieser Eingang zugemauert. Darunter im so entstandenen Blend-Eingang, dem sichtbar verschlossenen Portal (das für den Energetiker natürlich immer noch ein Ein- und Ausgang ist!): die Taufschale!

Nun sind Sie »aufgeladen« und geben sich ganz dem Kirchenraum hin. Das Langhaus erweist sich als breit gelagerter, tonnenüberwölbter Saal zu fünf Jochen, der durch Wandpfeiler rhythmisiert wird. So viel zur Kunstgeschichte. Spürbar ist diese eigenartig angenehme, nach oben hin anziehender werdende Kraft. Ein Himmelstor. Rechts vom Hauptportal und in einiger Entfernung zur Kirche sitzt ein kleiner Sparifankerl und ärgert sich. Zu Recht. Denn dies ist hier ein heiliger Ort, zu dem er keinen Zugang finden wird.

Wir alle müssen wandern
Von dieser Welt zur andern
Durch Erdenleid zur Himmelsfreud
Sankt Jakob, gib uns dein Geleit.

Genau darunter, eingesenkt in die Baulichkeit dieser Kirche, die obige Schrift trägt – eine Döner-Bude.

Waldmünchner Böhmerwald-Winkel

Wer glaubt, ist jetzt schon im Himmel

»Charakteristisch für den Waldmünchner Böhmerwald-Winkel ist im südlichen hohen Abschnitt seine Gliederung in südost-nordwestlich verlaufende Täler (Ulrichsgrüner-, Waffenschleif-, Treffenbachtal) …« (Waldmünchen von den Anfängen bis zur Gegenwart, S. 5).

Ganz oben auf der Karte des Bayerischen Waldes, unweit von Furth im Wald und schon die Grenze zu Tschechien tangierend, da findet sich der »Waldmünchner Böhmerwaldwinkel« mit dem seelengreifenden »Ulrichsgrün« (es ist ein magisches Tal des Unterbewusstseins; siehe auch im Kapitel »Utting am Ammersee« in diesem Buch). Zur Geologie und Geomantie eines der erdältesten Gesteine und der schier unglaublichen Archaik des Denkens und Wollens in diesem vom Böhmerwald-Wind durchwehten Areal gesellt sich etwas Besonderes: Zusammen mit dem so ortstypischen und zumeist recht rauen Wind ist's ein Hauch des Urschöpfer-Geistes, ein der Verstandeswelt jenseitiger Wind, der ungefragt den Körper durchdringt. Wind, der ebenso in die Seele hineinbläst: Man sagt »der Böhmische …« und meint damit weit mehr als nur bewegte Luftmassen. Dazu weiß das eingangs zitierte Buch: »›Der Böhmische‹ (…) dieser raue Ost-Nordostwind ist ein kalter Fallwind, der aus dem Böhmischen Becken durch Senken, Einsattelungen und Pforten im Hohen Oberpfälzer Wald dort auftritt, wo, den Föhngassen am Alpenrand vergleichbar, Abflussmöglichkeiten vorhanden sind …«

Besonders spürbar Körper, Geist und Seele durchdringend, ist dieser Wind im magisch durchblasenen Ulrichstal. Auch die Vorgeschichte dieser Region, lange als »Urwaldgürtel« abgetan und nicht weiter beachtet, offenbart der neueren Forschung Siedlungsstellen der mittleren und späteren Bronzezeit sowie der Hallstattzeit. Anmerkung: Fühlige erspüren diese heidnische Vor-Zeitigkeit des Ortes und seiner Umgebung lange vorher).

Sie fahren von der Ortsmitte Waldmünchens Richtung Furth im Wald, biegen aber bald, beim großen Krankenhaus, dem Ortsschild »Ulrichsgrün« folgend, links ab. Nach wenigen Kilometern wieder ein Hinweis in Fahrtrichtung links: »Frankenschleif«. Was ihn dann erwartet, spürt der Kraftort-Kundige sogar schon bei der Annäherung der weit schwingenden Serpentinen-(= Drachen-)Straße vom Auto aus. Hier wartet mehr als ein Hotel, eine Pension oder ein Gasthof: ein fast 200 Jahre altes Haus mit dunkel vorgezogenem ortstypischen Giebel, ein »Haus mit Gesicht«, einst hoffnungslos verfallene Ruine … »Frankenschleif« genannt. Eine ehemalige Glasschleiferei aus dem Jahre 1801.

Von der Schleifmühle ist noch der Mühlrad-treibende Bach da, schweres erdiges Wasser, fließende Energie, wie sie die Urkraft des Ortes mitträgt. Ein Architekt hat hier »am Ort« den Traum seines Lebens verwirklicht und eine wohlfeile Luxus-Herberge geschaffen … Luxus am magischen Kraftort. Längst dreht sich kein Mühlenrad mehr, aber die Energie und das, was über die Jahrhunderte hier geschehen ist … Glas und Glasschleifen bedeuten immer Magie, Alchemie, Transformation.

Erwandern Sie die Umgebung. Sie gelangen immer in die eigene Seele. Das gesichtige Haus, der dunkle Bach, die umliegenden Wiesen: zentrierend, erdend. Erkenntnis in Frankenschleif: Auch Atheisten und Glaubens-Verneiner leben gut. Wer glaubt, lebt besser. Er ist nie allein, sagte schon der bayerische Papst. Denn wer glaubt (natürlich angstfrei glaubt, ohne das schwarzmagische, von der irdischen Macht inszeniertes Sünden- und Schuld-Denken), der ist jetzt schon im Himmel. Und hier in Frankenschleif sowieso.

Dürer-Haus in Nürnberg

Die Ewigkeit ist ein Ort

Beim Dürer-Haus in Nürnberg erleben Sie (wenn Sie »es« zulassen wollen), wie Genie und Geist den Raum und die Zeit durchdringen. Hier erfahren Sie am eigenen Leibe, dass es erlebbare Astral-Ebenen gibt, die von Wissenden für jene ge-

öffnet werden, die das geheime Schlüsselwerk kennen. Wo? Am magischen Kraftort. Das Haus des fränkischen Allround-Genies Dürer (1471–1528) steht wohl kaum an einem Zufalls-Platz. Hier ziehen Bilder auf. Lassen wir uns vor dem Haus Gedanken über »Dürer und die Welt« durch den Kopf gehen.

Betrachten Sie die bekannten Grafiken des urdeutschen Maler-Magiers, der durch revolutionäre Vervielfältigungs-(Druck-)Techniken ebenso als Kaufmann Erfolg hatte: das Thema Apokalypse … Hieronymus in der Klause … oder die vier Hexen … Warum vier und nicht drei, wie zumeist in der christlichen und okkulten Darstellung des »Weiblichen« üblich?

Dürer »weiß«, und er weiß mehr. Er hinterlässt nicht nur Bilder, sondern damit ein Welt-Bild, das weit über seine Zeit und auch unsere geistig ungeordnete Gegenwart hinausreicht. Sehen Sie wissend die Hände des berühmten »Dürer«-Selbstbildnisses und die eingewobene kosmische Geometrie. Lassen Sie sich fangen, anleiten und einweisen durch den bannenden Blick eines so Seelen-raubenden Imagos. Dazu immer wieder die vielen apokalyptischen Visionen Dürers, so intensiv, als habe der Meister solche Offenbarungen schmerzhaft selbst durchlebt … Und dann das Bildnis der »Melancholie«: die geometrischen Formen …

Schockierend ein Detail links oben am »Himmel«: Neben der göttlich-teuflischen Lichtquelle unter dem Lichtbogen steht »MELENCOLIA«, gehalten von einem Tier-Balg. Der offenbart den frechen Versuch der Selbst-Entfaltung aller an Hybris gescheiterten Überflieger: entleert, ohne Augen, eine Hülle nur – und ohne Knochen.

Das entbeinte Wesen zeigt in schockierender Weise, wohin die Selbstsucht des »Geistes« führt. Wie hätte Dürer im Zeitalter von Computer und digitalem »Wissen« gedacht?

So sollten Sie Dürer ein wenig kennen, bevor Sie vor dem im doppelten Sinne malerischen Fachwerkhaus stehen, das ihn und seine Gedanken und seine »Hell«-Sicht barg! Wir haben das Dürer-Haus gar nicht gesucht, wir haben es, von den peinlich allgegenwärtigen Dürer-Hasen in der Stadt geplagt, gefunden, denn dies Haus »lockt«. Oh ja, Geist ist unsterblich und anziehend. Das wellige Auf und Ab der berühmten kopfsteingepflasterten Altstadt hat uns wie von selbst zu dem heimelig wirkenden hohen Fachwerk-Ensemble getragen.

»Das Dürer-Haus ist das einzige weitestgehend original erhaltene Künstlerhaus der Renaissance in Nordeuropa. Von 1509 bis 1528 lebte und arbeitete hier Albrecht Dürer (1471–1528), eine der größten Gestalten der europäischen Kunstgeschichte. Es ist zugleich einzigartiges Zeugnis für die bürgerliche Wohnkultur aus Nürnbergs Blütezeit …« *(www.museen.nuernberg.de.albrecht-duerer-haus).*

Dies soll kein kunstgeschichtlicher Aufriss Dürers sein, dessen Vielfalt und Komplexität schier unauslotbar bleiben. Sehen Sie vor Ihrem geistigen Auge, wie er in exzentrischen Outfits durch Nürnberg lief. Er beschäftigte (damals schon) Verkaufsagenten, arbeitete mit Feder, Kohle, Kreide, Silberstift, Pinsel und natürlich den Gravurnadeln für verschiedene Metalle. Dazu die zeitlosen Holzschnitte. Ein Andy Warhol seiner Zeit, enorme Selbstdarstellung, eigenes »Logo« (A. D.), aber grenzenlos mehr malerisches, überhaupt: künstlerisches Vermögen!

»Albrecht Dürer der Jüngere (auch Duerer; * 21. Mai 1471 in Nürnberg; † 6. April 1528 ebenda) war ein deutscher Maler, Grafiker, Mathematiker und Kunsttheoretiker von europäischem Rang. Er war ein bedeutender Künstler zur Zeit des Humanismus und der Reformation.« Die Welten hinter der knappen Auskunft des kühlen Internet-Lexikons aber lassen schon ahnen, dass hier Äonen durchdrungen werden.

Nürnberg. Altstadt. Der Ort! Von 1509 bis 1528, dem Todesjahr also, hat Albrecht Dürer hier gelebt, gearbeitet, sich durchdringende geistige Welten-Schichten erschaffen: Astralkörper, die weit über unsere Gegenwart und deren Verstehen-Können hinausreichen. »Umgehen« Sie das Haus mit dem hoch aufragenden Fachwerk-Aufsatz – die Energie ist, wie bei Kirchen auch, außen wesentlicher denn im »sakralen« und didaktisch-musealen Inneren. Und vertiefen Sie sich (am besten vor dem Besuch) in die Kupferstiche und Holzschnitte des Meisters: »Die Holzschnitte der ›Geheimen Offenbarung des Johannes‹ sind wohl die schönsten und eindrucksvollsten Xylographien, die Dürer geschaffen hat. Schon zu Dürers Zeit waren diese eine Sensation …« *(www.kunst-kreativ.de).*

Dürer und die sprechende, einweihende Magie des Ortes seiner Wirkstätte, hier in Nürnberg, sie sind im Doppelsinne ein seltsamer Hauch des Ewigen. Eine Offenbarung.

Bamberg

Ritter-Tugenden überwinden Zeit und Ort

Für den Band »Magische Orte in Bayern« habe ich den »Reiter« besucht, jenes bannende, in Stein gehauene Bildnis eines zeitlos schönen Edelmannes, dem man nachsagt, er würde in Antlitz, Haltung und sichtbarer Gesinnung alle Tugenden des Rittertums in sich vereinen. Und ich habe den magischen Ort Bamberger Dom und die nähere Umgebung ergangen. Ergangen? Es ist mir ergangen, der Dom macht mit dem Besucher, was er will. Keiner wird hier stehen, das Antlitz des idealen Ritters schauen, die »Welt hinter der Welt« entdecken und nicht wiederkommen wollen – oder müssen.

»Der Begriff Geheimes Deutschland entstammt dem George-Kreis, wo er mit verschiedenen Bedeutungen verwendet wurde: Der Historiker Eckhart Grünewald definiert ihn als »eine Gruppe von Personen, die dieses [d.i. das Geheime Deutschland] verkörpern oder verheißen, zugleich als Vision eines Deutschland, das eine ›innerliche Einheit‹ nach Vorstellungen Stefan Georges darstellt; schließlich wird dieser Begriff synonym gebraucht für den George-Kreis« *(Wikipedia).* Damit wir »am Ort« bleiben und nicht in ein wahrhaft berauschendes Kapitel deutscher Literaturgeschichte abdriften, verlassen wir den Stefan-George-Kreis, nicht ohne eine lohnende Recherche über das aufregende Thema dem Kraftort-Leser anheimzustellen.

Die Suche lohnt, denn die Welt hinter der Welt kennt keine Zufälle.

Doch nun der Reiter. Der Ort. Die Gesinnung. Das »Dahinter«. Wir leben in einer Zeit, da alle Tugenden den Strom der materiell vergifteten Vergnügungsgesellschaft hinabschwimmen. Um in den Sog eines seelisch-mentalen Schwarzen Loches zu geraten, das alles am spitzen Felsen der unumstößlichen Lebensregeln zersplittern lässt. Dagegen steht (!) der Reiter. Das sind die Tugenden im Antlitz des Edel-Mannes:

Muot Der heilende Klang (laut aus-sprechen!) verrät schon: Mut, Tapferkeit, »zu etwas stehen«.

Triuwe »Zu etwas stehen«: Wie sehr ist der Begriff verloren gegangen! Dazu gehört eben auch der Stand-Punkt, der Ort der geistigen Erdung. Die Treue gegenüber materiellen Dingen wie Reichtum, Ruhm, Erfolg hat doch nicht einmal im Diesseits Bestand. Geschweige denn …

Milte Richtet nicht, auf dass ihr nicht gerichtet werdet … für Kabbalisten: die Säule der Milde!

Zuht Letztlich kann nur jeder selbst sich erziehen (oder Erziehung zulassen). »Ich schaute nach vorn und hörte nach innen …«, pflegte der legendäre Pater Frumentius zu sagen.

Höveschelt Wer jede Dame wie eine solche behandelt, der geht nie fehl, auch in der heutigen Zeit. Sollte es sich um keine Dame handeln: Trotzdem mit politischer Korrektheit agieren – wie »an Hofe« eben. Schadet nie.

Vrumegkeit Seit der Aufklärung weiß kaum jemand, was das ist. Suche den Glauben, und dein Leben ändert sich … nur zum Guten!

Staete Stetigkeit. Das Gegenteil von Mobilität, Globalisierung, »Flexibilität«. Wer den Begriffen des Verführers nicht unter(!)liegt, der ist oben. In weltlichen und geistigen Bereichen.

Maze New Economy? Wachstums-Wahn? Umweltverschmutzung und Weltwirtschaft! Es ist kaum möglich, »Maße« zu erklären. Wer nach dem Begriff lebt und handelt, ist unendlich reich. Ein Paradoxon.

rehter Sinn Ob Buddhismus, achtspeichiges Rad, zehn Gebote oder Grundgesetz: Der rechte Sinn stellt sich ein im Gebet.

Wahrhaftigkeit und Ere »Ver-Trauen«. Wer Vertrauen schafft und es auch verdient, der hat die »Triuwe« völlig verinnerlicht. Er ist nie allein.

Die Deutungsversuche der wahrhaft magischen Reiter-Skulptur schwappen von der Architektur- und Kunstgeschichte über Geisteswissenschaften, befruchten überfließend kühne Kultur(en)deutungen, selbstredend die Mediävistik, bis zur Völkerkunde. Das Dritte Reich hat »den Reiter«, wie so vieles missverstehend, einverleibt. Und die spirituelle Vorgeschichte, das »Geheime Deutschland« um den George-Kreis konnte sich an Schönheit, Erhabenheit, Männlichkeit des »Idealen Ritters« nicht sattsehen!

Im Dritten Reich wurde der Bamberger Reiter von den Nationalsozialisten als arisches Symbol zu Propagandazwecken missbraucht. Für den Dichter Stefan George passte der Domreiter gut in seine Lehre vom »geheimen Reich«:

Du Fremdester brichst noch als echter spross
Zur guten kehr aus deines volkes flanke.
Zeigt dieser dom dich nicht: herab vom ross
Streitbar und stolz als königlicher Franke!
Dann bist du leibhaft in der kemenat
Gemeisselt – nicht mehr Waibling oder Welfe –
Nur stiller künstler der sein bestes tat.
Versonnen wartend bis der himmel helfe.

Stefan George: Bamberg

Der Reiter hat für den Betrachter Sucht-Potenzial! Idealbild des staufischen Rittertums? Der ideale Kreuzzugsritter, Tempelherr? Sogar eine Messias-Theorie ist zu finden. Seltener gesehen: der Ort!

»Der Bamberger Reiter oder steinerne Reiter ist eine Steinskulptur aus der ersten Hälfte des 13. Jahrhunderts, vermutlich vor der Weihe des Dom-Neubaus 1237. Sie befindet sich auf einer Konsole am Nordpfeiler des Georgenchors im Bamberger Dom und gehört zu den kulturellen Höhepunkten der späten Stauferzeit. Neuere Forschungen (2004) haben ergeben, dass sie ihren ursprünglichen Standort beibehalten hat und sowohl auf das Doppelgrab des Kaiserpaars Heinrich II. und Kunigunde als auch auf das Fürstenportal bezogen war. Durch dieses Portal ist der steinerne König hineingeritten und hält, dem Kaiserpaar an jener Stelle, wo deren Grab einst war, huldigend zugewandt, inne« *(Wikipedia).*

Das Pferd war weiß mit schwarzen Flecken, das Gewand des Ritter rot. Schwarz – Weiß – Rot, die Farben der drei Beten, die Farben der Erde.

Okkult: Der »Grüne Mann« zu des Reiters Füßen!

Heroldsbach in der Nähe von Bamberg

Marienorte sind magische Orte

Wer in Bamberg weilt, die Tugenden des »Reiters« auf sich wirken lässt (siehe das vorherige Kapitel), der hat es dann nicht weit zu einer vollkommen anderen Energieform des Ortes – und der dort auftretenden Energie: Marienenergie, Mutter Erde, überhaupt, dem Mutterkult. Längst haben sich die Orte geistig in Bewegung gesetzt. Daraus ist, um eine lockende neue Begrifflichkeit kreisend, ein weit ausgedehntes kollektives Bewusstsein entstanden, das, magisch und faszinierend zugleich, Suchende in einen unentrinnbaren geomantischen Bann zieht – und damit hinaus in die freie Natur.

Zu Beginn jeder Führung kläre ich die Begriffe »Magischer Ort«, »Kraftort«, »Wunderort«, »Marienort«. Was soll denn der Interessierte unter

dem Markenzeichen »Magischer Ort« verstehen? Denn hinter der Benennung steckt ein mit jedem Tag, mit jedem Monat und Jahr weitere Kreise ziehendes Wellenwort, das jetzt zum Synonym für eine sich selbst steuernde, unaufhaltsame Bewegung (!) geworden ist. Und um es jetzt schon zu verraten: All die ausgewiesenen Marienorte sind ebenfalls eine Spielart des Phänomens »magischer Ort«. Das tut der Würde und Realität Mariens – auch im fränkischen Heroldsbach –, keinen Abbruch. Aber warum soll eine so bedeutende religiöse Figur keinen ausgeprägten Sinn für den herausragenden Erscheinungsort haben? Nebenbei: Alle religiösen Figuren sind mit der Wahl des Erscheinungsortes von gediegenem Geschmack. – Als hätten sie die Magische-Orte-Bücher vor deren Erscheinen gelesen. Zeit spielt eben keine Rolle in der anderen Welt.

Der Ort ist statisch, eben eine »Immobilie«. Das aber evoziert Bewegung der Massen, um den Ort zu erreichen. Schon »erscheint« das ortstypische Paradoxon. Der Statik des Wortes »Ort« gesellt sich die Dynamik »Bewegung« hinzu: Denn wer den Ort sucht und will, der strebt hin, der muss sich aufmachen. Und die Vielheit der bewegten Strebenden – es sind längst Hunderttausende – erlangt in freier Natur mit dem Kräftespiel der Schöpfung wirklich das, was sie sucht. Mystische Erfahrung an sich selbst und in sich selbst.

In Heroldsbach, genau: nördlich von Nürnberg, Fürth und Erlangen, in etwa auf der Höhe des westlich gelegenen Würzburg, ist es der Kult um Maria, der den magischen Ort prägt (und damit, nun gut, auch den Fremdenverkehr). Denn die Gottesmutter Maria suchte damals in einem klug gewählten Zeitfenster eine recht irdische

Maria auf: Maria Jenoscheit gab im Jahre 1992 in der Münchner Abendzeitung ein Interview, bei dem sie ihre lange zurückliegenden, umwerfenden Marien-Erlebnisse als Zehnjährige preisgab: »Über den Wipfeln des Birkenwaldes erblickte ich die weiße Gestalt der Gottesmutter Maria, in der Hand einen schwarzen Rosenkranz …« Nun folgten drei weitere Jahre mit Erscheinungen, Heimsuchungen gar, die durchaus für die irdische Maria zur Qual wurden. Fegfeuer und Hölle samt aufdringlicher Unterteufel drängten sich auf – aber auch das Jesuskind. Das eben macht der Ort. Der magische. Der heilige.

Der magische Ort ist folglich ein Ort, an dem etwas geschieht mit dir! Doch was geschieht, womit, wie, wo, wann, warum, wieso – wodurch? Das, was geschieht (bewirkt), betrifft alle Körperfunktionen, alle Seelenwege, alle unsichtbaren, aber eben doch hochwirksamen Wirksamkeiten unseres Erdenlebens und mehr noch des untrennbar damit verbundenen »anderen Lebens«: Nennen Sie es, wie Sie wollen und wie es Ihr Glaube zulässt: eben jenes zeitlose (ewige) Leben, das hier auf Erden sichtbar erscheint. Und das sich in verschiedenster »Form« (das kann auch eine Marienerscheinung sein) unseren von einem boshaft aufgeblasenen Materialismus verklebten Augen zeigt.

So konnte Heroldsbach im März 1998 zur »Gebetsstätte Heroldsbach« erhoben werden. Der Wunder aber nicht genug: Bald berichtete der Bayerische Rundfunk, dass am 9.10.1949 die Gottesmutter wahrhaftig vier Mädchen erschienen sei.

Die Erscheinungen wiederholten sich – hier am Ort – drei Jahre lang. Und natürlich die Sache mit den Tränen … Warum nur weint Maria so oft an diesen herrlichen Kraftorten? Maria erschien »über den Wipfeln des Birkenwaldes«. Birken, diese weisen Zauberinnen unter den Bäumen, sind stets ein Hinweis auf Wasseradern, denn sie gedeihen vor allem in Auenlandschaften oder Landschafts-Senken. Eben dort, wo genug Feuchtigkeit im Boden zu finden ist.

Der heutige Brunnen- und Wunder-Ort von Heroldsbach wirkt eher schlicht – aber die Kraft dort zieht in den Bann! Wasser, Leben, Wunder und Marienglaube: das Ur-Weibliche in der ortstypisch geläuterten christlichen Form. Gedanken zur Form am Brunnen: Alles Seiende, auch der Geist, braucht die Form, um für unser so eingeschränktes spirituelle Aufnahmefeld sicht- und begreifbar zu werden. Und vielleicht ist die wunderbare Erscheinungsweise, das unverkennbare Erkennungsmerkmal der katholischen »Maria«, eine der »Formen«, die uns hier auf der Welt den Himmel erkennen lassen. Vor allem, dass es etwas Unbenennbar-Mystisch-Über-Irdisches gibt, von dem ein Franke sagen tät: Däs gibt's doch näd.

Sehen Sie doch einmal Maria als die »Bewegte«: Nach dem statischen heiligen Weihnachtsort die Bewegung nach Ägypten, dazu die Bewegung im Inneren Mariens, der Weg zum Kreuz, schließlich die Aufnahme in den Himmel. Schmerz, Erlösung, Bewegung! Und doch stets die Darstellung als so wunderbar in sich ruhende (!) Gottesmutter …

Wasserschloss Mespelbrunn

Gewagte Metaphysik des Nicht-Wissens

»… [D]ie Nacht war jetzt ganz heraufgekommen, und bei dem ungewissen Schein des Neumondes konnte man kaum auf fünf Schritte vor sich sehen (…) Noch eine Stunde beinahe waren sie fortgegangen, da erblickten sie in der Ferne ein Licht …« So lässt der Dichter Wilhelm Hauff das Bild eines gespenstischen Hauses im Spessart heraufziehen. Das Bild von einem Wasserschloss im Spessart-Mespelbrunn! Sie sehen auf der zeitlos brillantweißen »inneren« Leinwand Ihres Kraftfeld-aktivierten »Gehirn-Kinos« die bewegten Bilder des »Spukschloss-im-Spessart«-Klassikers. – Doch der heiter-romantische Schein täuscht! Und es ist kein Zufall, sondern eine neuro-geomantische Konsequenz (Schicksalsorte! Gehirnbahnen spiegeln sich in den Kraftort-Linien wider), dass dieser so Augen-scheinliche, so sehenswerte Bild-, ja sogar Bilderbuch-Ort vor wenigen Jahren ein schlimmes Verbrechen evoziert hat.

Sie stehen jetzt selbst vor dem Ensemble, das wie die Materialisierung des magischen Grundsatzes »Wie oben, so unten« geschaffen ist. Haupthaus samt Rittersaal und die beiden typischen Rundtürme haben ihr bildhaftes Äquivalent im stillen Wasser, dem Ur-Element, aus dem alles Leben stammt. Und die wundersame Spiegelung des bekannten Mespelbrunn-Bildes ist eben viel mehr als ein optisches, genieß- und fotografierbares Phänomen. Das Bild wirkt hinein in die Seele, brennt sich ein als Ab-Bild eines Schöpfungs-Geheimnisses, das wir als die Dualität, als All-gegenwärtige Bipolarität kennen.

»1938 (!) erhielt der Ort den Namen des überregional bekannten Wasserschlosses Mespelbrunn, dessen Gemarkung 1842 der damaligen Gemeinde Neudorf zugeschlagen wurde. Der Name des Schlosses Mespelbrunn geht auf die Quelle (mhd. burn) des Krebsbaches zurück, die von Espen (mhd. espin) umstanden war. Sie bekam den Namen Espinburn, welcher dann auf das Schloss und später als Mespelbrunn auf die Gemeinde überging.« *(Wikipedia)*

Der Spessart steht, spätestens seit der Spätromantik, für erlebbaren Schauer, für mystisches Naturerleben, auch für Grauen. Soll ich Ihnen die wunderbare Märchen-Lektüre ins Gedächtnis zurückrufen? So erinnern Sie sich: Die beiden Handwerksburschen in dem Spessart-Märchen von Wilhelm Hauff befürchten das Schlimmste: »Aber mich, mich schlagen sie gleich anfangs tot …« Und das, obwohl der hochhelle, lichte Laubwald wesentlich einladender wirkt als etwa ein dunkelgrüner Nadelwald in den oberbayerischen Vorbergen.

Und natürlich Ritter! Der Ritter Hamann Echter aus dem Oden(Odins)wald erhielt 1412 vom Mainzer Erzbischof Johann ein abgelegenes Stück

Waldland für treue Dienste. Mehr als vier Jahrhunderte führte das Adelsgeschlecht den abgeschiedenen, naturmagischen Stammsitz. Der Grund war allerdings ein vorangegangener Bann Kaiser Barbarossas (!) gegen die Familie. Warum? Der extrem »ziehende«, ableitende Erd-und Wasser-Ort gibt mit dunklen Lichtspielen seltsame Antworten. Vielleicht der Name? Mespel? – Das bedeutet Espe, die Zitterpappel. Sie gebiert ein Mittel, das Schmerzen stillt. Welches?

Bayreuth

Magie des Hügels

Gehen Sie auf den Hügel, egal ob Festspiele sind oder nicht. Sie spüren dort immer eines: Macht. »Das Jahrhundert der Revolution und Restauration. Das Jahrhundert der großen Prospekte und Maschinen. Das Jahrhundert des Materialismus und des Materials. Das Jahrhundert der Todeserklärung Gottes. Das Jahrhundert des Dramas. Das Jahrhundert des Bürgers und seiner Überhebung. (…) Das Jahrhundert, um es kurz zu sagen, Richard Wagners …« *(Zeit Online, Peter Wapnewsky: Der Magier und sein Mythos)*

Wagner und der Märchenkönig, Ludwig II …! Als Wagner im Jahre 1864 nach München berufen wurde, entstand der Plan des Bayreuther Klang-Tempels auf dem Hügel. Auf dem Münchner Isarhochufer Nähe Friedensengel, in den heutigen Maximiliansanlagen sollte er stehen! Semper plante ein monumentales Festspielhaus, das durch eine breite Prachtstraße erschlossen werden sollte. Nachdem Wagner München 1865 verlassen musste, kam alles ganz anders. Heute noch erinnert an den kühnen Ideen-Claim eine monumentale bronzene Ludwig-Skulptur. Auf einer Tafel wird von den verwegenen Plänen berichtet. Alldeutsche Sehnsüchte nach Macht, nach Übermenschen, heidnischen Göttern, Drachen und nach Karfreitags-Zauber, heute Bayreuth-ortsgebunden, hätten dann München verwahnfriedet …

Zurück nach Bayreuth: Der okkulte Klangtempel der Macht und der Mächtigen (der wirklichen Okkultisten, deren Wissen das alljährlich staunende, gaffend applaudierende Zaunvolk nicht einmal ahnt) ist dann in den Jahren 1872–75 von Otto Brückwald im Wagnerschen Willen und im Stile der »hellenistischen Romantik« errichtet worden.

»Der Zuschauerraum besteht aus völlig gleichmäßig ansteigenden Sitzreihen nach Vorbild antiker Amphitheater, wodurch eine nahezu ideale Sicht von fast allen Plätzen gewährleistet ist. Wegen der Lagerung des Fußbodens auf einer Holzkonstruktion sowie der Ausführung selbst von Pfeilern und Säulen aus Holz – diese sind nur mit Gips verputzt, um den Eindruck von Stein zu erzeugen – sind hervorragende akustische Bedingungen geboten.« *(Wikipedia)*

Raum und Klang, Raumklang eben. Klänge schaffen Geometrie. Geometrie schafft aber ihrerseits Klang. Das wussten geniale Architekten hochgotischer Kathedralen und Dome, das wissen Magier, das wusste Wagner wie wenige.

Bayreuth liegt – wie Kraftort-Kenner wissen auf einem ausgewiesenen Schnittpunkt der führenden Drachenlinien. Wie alle Ortem die im Namen die Raute tragen, Diese erscheint in Variation in verschiedenen Ortsnamen: Reuth, also Bay-Reuth, ebenso Wildbad-Kreuth, Rott,

Rottenbuch, Rottalmünster, auch kleinere, schicksalsfernere Orte wie Scheizlreit gehören in diesen Reigen magischer Schnittpunkt-Orte. Dass »Bayreuth« das deutsche Schicksal in verschiedensten Farbnuancen mitbestimmt hat; dass der Grüne Hügel zeitweise recht braun war, ist hinlänglich bekannt.

Richard Wagner hat die deutsche Geistes- und Mental-Geschichte mehr aufgesogen, umgesetzt und in die Zukunft hinein geprägt (vertont), als viele Neu-Aufklärer auch nur zu träumen wagen. Wagner ist Magier. Und er weiß als solcher um Orte und ihre Energien. Nibelungische Schicksals-Dämmerung, Magie und Macht, Masse und Macht (Elias Canetti); Mythos und der Heilige Schicksalshügel wotanisch wabernder Weihespiele! Götterdämmerung im wahrsten Sinne mit allen Facetten, den lichten und den rabenschwarzen. Sie spüren es schon von Weitem. Ein Eingeweihter hat einmal gesagt, der Ort gäbe nicht nur die Macht, sondern: Der Ort ist die Macht. Der magische Klang-Hügel von Bayreuth.

Kloster Himmelspforten bei Würzburg

Schon der Name verrät den Ewigkeitsort

Die Ewigkeit ist ein Ort auf der Schiene der Zeit: Schon mehrmals ist uns dieses Geheimnis an Magischen Kraftorten Bayerns, die im vorliegenden Buch vorgestellt werden, begegnet.

Und Namen sagen so viel: Himmelspforten. Ein hebender Ort also, ein tellurischer Trichter, der nach oben reißt, zumindest schauen lässt.

Wir haben in Würzburg die Raststätte der Autobahn, vor allem die bekannte »Alte Main-Brücke« mit dem herrlichen Blick auf die Festung kennengelernt. Vergleichen Sie mit dem Text über Regensburg in diesem Buch: Auch diese Magische Brücke, eine Überbrückung nicht nur des Mains, sondern auch der Gehirnhälften, besteht aus Toren in Rundbogen-Bauweise.

Und nun, ganz in Main-Nähe, das Tor zum Himmel:

»… Das der Maria und St. Johannes Evangelist, heute St. Nikolaus, geweihte Kloster wurde als Kloster der Zisterzienserinnen 1231 durch den Bischof von Würzburg, Hermann I. von Lobdeburg, gegründet. Das ursprüngliche Kloster befand sich in Himmelstadt an der Grenze zur Nachbargemeinde Zellingen (…) Schließlich befahl Bischof Herman von Lobdeburg die Verlegung nach Würzburg, welcher Papst Innozenz IV. 1251 zustimmte. Bis zur Fertigstellung des neuen Klostergebäudes fanden die Nonnen gegen 1248 Zuflucht im Kloster Schönau …« *(Wikipedia)*

Magische Orte kennen keine Zufälle. Aber Wunder durchaus: In diesem Himmels-Schleuse-Kloster, übrigens ganz in der Nähe von Veitshöchheim, tagte kurz vor dem 24. Juni 1999 die Deutsche Bischofskonferenz. 24. Juni, der Johannstag, ist übrigens auch der höchste Feiertag der Freimaurer. Man wollte über die damalige päpstliche Order zur Schwangerenberatung entscheiden. Zack! Da fuhr vom Himmel (!) der Blitz in einen Baum, direkt neben dem Tagungsort und genau zum Zeitpunkt der Debatte. Auf der ersten Seite der Süddeutschen Zeitung vom 24. Juni 1999 (Datum! Symbolik) sieht man Bischof Lehmann, der einen Splitter aus dem Baum mahnend hochhält.

Ein Splitter nur – im Dienst am Leben. In diesen Tagen ist die Diskussion durch ein erfreulich ernstes Wort des neuen Papstes Franziskus wieder positiv gestaltet und neu belebt worden.

Leben eben. Leben sichern. Der Weg zum Himmel.

Steinerne Brücke in Regensburg

Tore der Flusskraft, die eine weltberühmte Brücke bilden

Stellen Sie sich vor, Sie stünden vor einem beliebigen Stadttor. Sie sehen nach innen, sehen nach außen – je nach Standpunkt. Immer sehen Sie die Welt *im Rahmen*. Einen Aus-Schnitt der Wirklichkeit. Jedes Tor gibt einen Rahmen, deshalb ist diese majestätische, steingemauerte Öffnung, jener verschließbare und aufsperrbare und somit weitgehend kontrollierter Durchgang hinein in eine Stadt oder heraus aus der gesicherten »Zone« zeitlos beliebt bei Malern und Fotografen.

Ein Rahmen macht das Bild schön, er gibt rahmend den Ausschnitt einer Wirklichkeit vor – aber er steckt auch Grenzen ab. Vielleicht gehört das zur Schönheit: die Grenze, der Rahmen.

Sie können überall eine regelrechte Tor-Tour starten: Nürnberg, Salzburg, Dinkelsbühl, Regensburg, Augsburg, Landshut, Würzburg, Ingolstadt oder das Einlass-Tor zu den Wagner-Festspielen in Bayreuth! Die Münchner Altstadt und hier die »Ring«-Tore!

Beobachten Sie als Fühlender, wie die Erdenergie an jedem Tor anders auftritt und wirkt. Tore sind nicht nur Passagen für Lebende (oh, ebenso für Tote!), Tore sind immerzu auch Zeit-Schleusen. Tore sind archaisch, sie lassen ein und aus und transformieren alles: Sie sind magisch!

Sogar der Himmel soll ein Tor haben, eine bewachte Pforte, für die man einen Schlüssel braucht.

Wir haben in dem Buch »Münchner Kraftorte« erfahren, dass Petrus nicht ohne Grund die »Schlüssel«-Figur des mächtigsten Glaubens der Welt, der »Kirche« ist. Der Felsenmann spielt die Schlüsselrolle (bis heute in Gestalt des aktuellen Papstes), denn er hat das geistige wie materielle Sperr-Werkzeug. Und, wichtiger noch: er hat das Wissen, wie dieses zu handheben sei. Und wo! Das Ding-Symbol »Schlüssel« bedeutet für Sucher der »Welt hinter der Welt« immer: Es geht um Wissen, aber keinesfalls um »Schulwissen«.

Wenn Sie verstanden haben, dass ein Tor immer *Durchlass* bedeutet, dann finden Sie diese nicht nur in mittelalterlichen Stadtmauern, sondern überall:

Wohl kein »Tor« der geo-historisch unvergleichlich machtvollen Stadt Regensburg kommt diesen 14-Bogen-Durchlässen der Steinernen Brücke gleich. Juwel der Ingenieur- und Baumeisterkunst des Mittelalters, mahnendes Symbol für »Haltbarkeit«. Wenn Sie mit vergleichbaren Konstruktionen der Neuzeit vergleichen.

»… Die Steinerne Brücke wurde innerhalb von nur elf Jahren, vermutlich von 1135 bis 1146, erbaut. Sie wurde vom Kreuzfahrerheer unter Ludwig VII. für die Donauüberquerung benutzt und war für mehr als 800 Jahre die einzige Donaubrücke in Regensburg. Die Steinerne Brücke diente als Vorbild für andere große Steinbrücken-

bauten des 12. und 13. Jahrhunderts über die Elbe in Dresden, die Moldau in Prag (Judithbrücke; die Vorgängerin der heutigen Karlsbrücke), die Themse in London und die Rhône in Avignon …« (*Wikipedia*)

Vor allem das »Bild« der Nachtaufnahme lässt die Bögen *wie Tore* wirken, hinein in die Welt des Unwirklichen.

Dort, wo die Brücke die Altstadt erreicht, bei jenem Brückenbogen, der auch einen Teil des gepflasterten Weges »unten durch« überspannt, finden Sie in Ufernähe einen kraftvollen magischen Platz.

Da dieser Kultort (der als Tor wirksame Brückenbogen über den Weg dient manchmal als Tempel für Okkultisten) auch von recht seltsamen Gruppen besucht und aufgeladen wird, sollten Sie die Energien mit nur großem Respekt vor dunkler Erd(geist)kraft auf sich wirken lassen. Nicht umsonst rankt sich um den schnellen und genialen Bau der Steinernen Brücke eine Teufels-Sage!

Und jene bekannte Sage korrespondiert mit der Magie des Dombaues. Finden Sie das West-Tor des Regensburger Domes, einem steinernernen Jubelsang der Hochgotik, und spüren Sie die »Korrespondenz« mit dem Donaubrücken-Torbogen. Teuflisch, in der Tat.

Und wie immer die Warnung: nicht bei seelischem Ungleichgewicht solche Stätten aufsuchen!

Ingolstadt

Manche Monster mögen magische Orte

Der Freund Magischer Kraftorte möge sich, die Illuminaten im Hinterkopf, dazu Adam Weishaupt, die 13-stufige Dollar-Pyramide, sämtliche Verschwörungstheorien, ein »Handbuch der Freimaurerei«, vor Augen; – und vor allem mit sehr viel Mumm im Herzen, wohin begeben? Nach Ingolstadt!

Denn dort gibt es »Grusel-Touren« bei denen Ihnen Viktor Frankenstein persönlich die dunklen Seiten von Ingolstadt präsentiert. Dass ausgerechnet in Ingolstadt »Grusel-Touren« erfunden wurden, die weniger erfolgreich in zahlreichen Städten nachgeahmt werden, hat natürlich seinen Grund.

Sie denken bei Ingolstadt nur an Raffinerien, an Audi und Horst Seehofer? Da müssen Sie den Grusel-Blick erweitern. Denn schließlich hat eine der schauerlichsten Romanfiguren genau hier, in der Altstadt, irgendwo in einem damals schon alten und schwer zugänglichen Haus, seinen erst literarischen, ein Jahrhundert später seinen klonbelebten Anfang genommen. Der Wahn nämlich, einen Homunculus zu schaffen, ein Kunstwesen mit menschlichen Zügen.

Grundregel: Der Mensch ist nicht Gott!

Wir haben es in jedem Fall (sogar bei der Romanvorlage von 1818) mit Satanismus zu tun. Denn hinter irgendeinem dunklen Winkel der Altstadt, da hat die Romanfigur Dr. Viktor Frankenstein, der in Ingolstadt studiert hat, aus Leichenteilen den künstlichen Menschen erschaffen. Und das einmal in Gang gesetzte Monster bleibt, natürlich, unkontrollierbar.

Alles endet in jener Katastrophe, die uns allen in der zu lebenden Gegenwart, ab 2014, aufgrund des sogenannten medizinischen »Fortschrittes« bevorsteht.

Ingolstadts Altstadt, innerhalb des materiellen, magisch-morphogenetischen »Ringes« ist der ideale Ort für die legendären Gruseltouren.

Tipp: Wer den Hinterhof der »Hohen Schule« aufsucht, braucht letztlich keine Grusel-Tour mehr. Ingolstadt »lockt« mit einer unvergleichlichen anatomischen Sammlung. Allein das Davorstehen ist ein Lehrstück über Ortsenergien und jenen unauslöschlichen Geist, der dem Ort einbeschrieben ist – und bleibt.

1472 ist in Ingolstadt die erste Universität Bayerns entstanden, und mit ihr ein weltbeherrschender Okkultismus, den Sie als Besucher in jeder Mauerritze der (sehr gepflegten) Altstadt spüren.

Nochmals die Grundregel, die doch schon in der Genesis steht, nämlich beim Sündenfall: Der Mensch ist nicht Gott.

Augsburg

Ein energetischer Quirl zwischen Synagoge, Augsburger Dom und Pulergäßchen

Zugegeben. Die Augsburger Synagoge bleibt mein persönlicher Haupt-Anziehungspunkt in der Fugger-Stadt mit den gar so trefflichen Speiselokalen. Zu aufregend ist die Historie, die nach allen Kraftort-Regeln der Histo-Geomantie von der Baugeschichte über die Überlebens-Geschichte im Dritten Reich bis in die Gegenwart unendlich spannend bleibt. Ja, vielleicht auf ihre Weise die im Alten Testament festgelegte Heilsgeschichte wiederspiegelt.

Da ist die aufregend-seltsam-befremdliche Geschichte, wie in den schlimmsten Jahren der Deutschen Geschichte, am 10. November 1938, ein Brand gelegt wurde, gleichzeitig aber die Löscharbeiten einsetzten, denn die große Tankstelle gegenüber mit den Benzin-Depots hätte wohl, bei der zu befürchtenden gewaltigen Explosion, das gesamte Stadtviertel verwüstet. Pikant: Diese Großtankstelle gehörte einem »Eingeweihten« des Unheils-Systems, der ein besonderes Vorwissen hatte …

Dann der Bau des Tempels mit der magischen, bannenden Blau-Kuppel zwischen den Jahren 1913 und 1917 … Gehen Sie einfach hin in die Halderstraße, Nähe Königsplatz und Hauptbahnhof oder lesen Sie Genaueres zu diesem Thema in meinem Buch »Magische Schicksalsorte in Bayern«.

Als energetischer Höhepunkt im Wortsinne, immer der »Erhebung« der Haupt-Energie-Linie folgend, der »Augsburger Dom«! Der Vorplatz als energetisches Intro (hebend und erdziehend zugleich) und die Krypta, in der Ulrich und Afra sich ein Stelldichein der Ewigkeit geben. Sie wissen ja: Die Ewigkeit ist ein Ort! Ein Kraftort, auf der Schiene der Zeit. Und das Leitthema vieler Führungen.

Näheres über die Basilika St. Ulrich und Afra nachzulesen in «Heilige Orte in Bayern«.

Und dann, für Kraftort-Verrückte, ein Geheimtip: »… Das Augsburger Pulvergäßchen ist ein magischer Ort. Viele Jahrzehnte residierte dort ein kleines Amt mit dem zauberhaften Namen »Führerscheinstelle«. Die Adresse »Pulvergäßchen 6« hat für zehntausende Augsburger eine ähnlich extreme Erinnerungshoheit wie in etwa das erste Auto oder der erste Kuss. Kurt Gribl und Rainer Schönberg haben im Pulvergäßchen vermutlich ihre Mopedführerscheine abgeholt. Damit soll gesagt sein, dass es Orte gibt, die die endlose Kette des zu sich selbst Kommens in ein Muster der Erinnerung gießen …« (www.daz-augsburg.de, Kommentar von Siegfried Zagler)

Denn dieses Gässchen gar nicht weit vom Stadtgraben existiert seit ungezählten Generationen und gibt Hinweis auf ein Gebäude, das vor

mehr als sechshundert Jahren gebaut worden ist – im späten Mittelalter also. Eine aufregende Drachenlinie!

»… Der öffentliche Verweis auf etwas Vergangenes ist ein Wert, der sehr hoch hängen sollte. Höher jedenfalls als die Frage, wer gerade baut, besitzt und begehrt. Die Stadt Augsburg sollte sich jedem Stein und jedem Jota ihrer Geschichte mit hoher Intensität widmen …« (ebenda)

In Augsburg ist die Geschichte Stein geworden. Steine können sprechen, an Magischen Kraftorten erzählen sie wahre Romane.

Landshut

Ein 130,60 Meter hoher Backstein-Pfahl fixiert die Drachenkraft

Der Zauber Magischer Kraftorte besitzt, da er immer mit Gefühlen der Wahrnehmung und seltener mit rational-logischer Rezeption des Ortes einhergeht, etwas herrlich Unfassbares, Okkultes, Geheimnisvolles, gar Prickelnd-Gefährliches!

Das hat alles seinen »Grund« – Und der *Grund,* wie der Name schon sagt, hängt im Wesentlichen mit der geografischen Beschaffenheit des Unter-Grundes zusammen:

»… Landshut befindet sich im Zentrum des Unterbayerischen Hügellandes (allgemeiner auch »Tertiärhügelland«), das sich von der Donau im Norden bis an die Grenze der Münchner Ebene im Süden erstreckt (…) Das tertiäre Hügelland wird im Stadtgebiet von Landshut durch das Flussbett der Isar unterbrochen. Der Großteil des bebauten Gebietes liegt auf den flachen Terrassen-Ablagerungen des Flusses im Isartal. (…) Die südlichen Bezirke der Stadt werden durch eine zum Teil steil ansteigende Hügelkette begrenzt …« (*Wikipedia)*

Erkennen sie staunend auf der Karte: Landshut liegt mittig auf der westöstlichen Drachenlinie zwischen München und Passau, nordsüdlich zwischen Regensburg und Wasserburg. Die Raute (!) München, Regensburg, Passau, Wasserburg trägt Landshut genau als Zentrum!

Aus der sachlich-geologischen Darlegung des Zusammenspiels von Masse (Erde), Wasser und Luft lässt sich ahnen, dass »Feuer« und Geist-Äther nicht weit sein können. Tatsächlich, die Feste Trausnitz hoch über der Stadt erlangte durch ein gigantisches Feuer bizarre Berühmtheit.

Der *Geist* Landshuts wird alle vier Jahre zelebriert während der Fürstenhochzeit, die wiederum ohne die gewachsene Histo-Geomantie des von der Fließenergie bestimmten magischen Areals nicht denkbar wäre.

Und dann die *Pfählung* durch eine monumentale »Himmelsnadel«!

Der bis weit ins Land hinein sichtbare Turm der Stadtpfarr- und Kollegiatskirche St. Martin und Kastulus gehört zu den bedeutendsten Monumentalbauten der Hoch- und Spätgotik. Der pfeilgleiche Turm, Kraft und Energie aus ungeahnten Weiten »herziehend«, und das genau auf dem Schnittpunkt wichtiger Drachenlinien, ist mit 130,60 Metern der höchste Kirchturm Bayerns und: Der höchste Bachsteinturm der Welt!

Wenn Sie wissen wollen, was gefährliche Ortsenergie ist: Stellen Sie sich vor den Turm. Aber Vorsicht, nie bei ambivalenter Gefühlslage. Denn solch ein Transmitter zwischen Sender- und Empfängerstätten weit ringsum, verstärkt alles. Schlechte Gefühle, Verzagen und Deprimiertheit – aber ebenso Euphorie, vitale Lebenskraft Lebenslust, Eros, und vor allem: Kreativität.

Paulskirche am Paulsbogen Passau

Ein Enthaupteter war des Christentums führender Kopf

Kein solider Kraftort-Führer kommt ohne das magische, dunkel-unheimliche und für den Stadtbummler »um die nächste Ecke« strahlende Drei-Flüsse-Phänomen Passau aus: Ecken und Winkel, Donaulände mit Pollern und dicken Stahltrossen, die Sehnsucht gebärende Ausflugs-Schiffe am Ankerplatz festhalten, der magische drei-Flüsse-Spitz und Energienmix, dazu dominierend der monumentale, Kirchen-Macht setzende Dom, zugleich Beginn des Bayerischen Jakobsweges …

Die »Energie« hat sich nach dem Jahrtausend-Hochwasser des Frühjahres 2013 enorm verändert. Irgendwie erscheint Passau dem Energetiker lichter, froher – eben »reiner«. So tragisch eine Flut sein mag, sie wäscht weg, beseitigt, rafft alles hinfort, was weg sollte.

Doch Dunkelheit bleibt. Ergehen sie das lang gezogene Donauufer mit den Kais, erreichen sie den Rathausplatz, staunen Sie mit entsetzter Fantasie über den neuesten Eichstrich der historischen Hochwasser-Stände«. 2013 stellt alles in den Schatten, Mittelalter und Neuzeit zusammengerechnet.

Also nach oben – der Reiz Passaus: Sie finden an jedem Tag »Ihre« persönliche, für genau diesen Tag passende Treppe, zumeist gebogen, gewunden, mit verschnörkelten Nischen, Buchten, versteckten Hauseingängen, Brünnlein und Balkonen, knapp einsehbaren Dachterrassen. Aber immer nach oben.

Und wenn Ihr Auto in der Nähe des Paulusbogens geparkt ist, dann geht´s gleich die nächstbeste Treppe aufwärts.

Passau ist *ergehbare* Kraftort- und Lebensphilosophie. Wer »unten« wohnt, nahe dem Wasser, den erwischt das Hochwasser. Wirklich ein beklagbares Schicksal? Nicht so ganz. Alles ist vorhersehbar. Das nächste Hochwasser kommt bestimmt.

Warum stehen Kirchen immer oben? Der Dom? Die Paulskirche? All die anderen spirituellen Baujuwele? Richtig. Die Kirche hat und hatte Führer, die denken konnten. Herrschaftswissen ist nichts anderes denn gesunder Menschenverstand. Aber nur für jene, die den Verstand gebrauchen.

Schon im Jahre 1050 stand an dieser Stelle, die heute die Paulskirche trägt, ein Gotteshaus. Zufall? Bestimmt nicht.

Magisch und sinnvoll, was sich sehr oft als alchemistische Einheit offenbart. Die Kirche liegt direkt neben dem Paulusbogen, dem ältesten der fünf Stadt-Tore, die noch erhalten sind.

Gehen Sie ins Innere, staunen sie über den Hochaltar, der bis ins Gewölbe des Chorraumes hochreicht und mit bannender Optik schwarz gebeizten Holzes und dem damit konkurrierenden

glänzenden Gold die Dialektik des irdischen Seins widergibt.

Finden sie Ihre Stelle im Mittelgang, für mich ist der beste magische Platz außen, knapp vor dem Portal mit der Paulusstatue.

Paulus, der Missionar, Künder, Briefeschreiber, Eiferer.

Dessen Kirchen bedecken die christliche Welt – strategisch ausgereift platziert. Saulus-Paulus hatte ein radikales Bekehrungserlebnis, der den Verfolger beizeiten treffende Lichtblitz leuchtet (irrlichtert?) bis heute durch seine Briefe und die geistigen Grundpfeiler des Christentums.

Paulus polarisiert, trennt, fordert. Und dieser Platz, der Paulusbogen? Der könnte von ihm persönlich ausgesucht sein.

»Wahrlich, du weißt, dass du der Tempel des Herrn bist, wo der Geist Gottes wohnt. Wer den Tempel des Herrn zerstört, wird selbst durch Gott zerstört, denn der Tempel des Herrn ist heilig; und du bist dieser Tempel. (1 Kor. 3,16–17)

Nebenbei: Paulus war niemals in Passau.

Nachwort

Warum die Statik des Ortes eine Bewegung darstellt

Lesen Sie nach bei »Magischer Wunderort Heroldsbach«: »Der Ort ist statisch, eben eine ›Immobilie‹. Das aber evoziert Pilgerströme, damit eine Bewegung der Massen, um den Ort zu erreichen.« Oder bewegen Sie sich zu einem der spektakulär bildhaften Schlösser des bayerischen Märchenkönigs Ludwig II. Ideal wäre Hohenschwangau mit dem Rundgang durch die germanische Welt der Sagen und Mythen: Die Welt des in Handlungs- und Bildsymbolen »offen« gelegten (bayerischen?) kollektiven Unterbewusstseins. Das daraus entstehende Paradoxon soll uns noch länger beschäftigen, es ist eine rasante Eigen-Dynamik, die der so erfolgreichen Buch-Serie »Magische Orte in Bayern« und den nachfolgenden Magische-Orte-Führern quer durch Bayern, Deutschland und vor allem Österreich zugrunde liegt. Denn die Leser, Kraftort-Freunde, die den Ort (die Statik) suchen, sie müssen sich nun bewegen! Müssen sich strebend erheben, aufmachen, suchen, hinfahren oder, was am besten ist, hin-gehen.

Alles, was bewegt (Geschichte macht), ist an Orten, an magischen Orten, evoziert worden. Um die rasante Eigen-Dynamik des »Schicksals«-Ortes über den bayerischen Tellerrand hinaus zu betrachten: Limburg an der Lahn, im Jahre 2013. Der grandiose Dom ist von Meistern der geheimen Baukunst genau dort errichtet, wo er steht (siehe »Magische Orte in Deutschland«). Wen wundert es dann noch, dass der dortige Bischof Tebartz-van Elst von der berauschenden Orts-Energie mitgerissen ward … Warum soll es mit dem geschmackvollen Bischofssitz anders sein als mit dem zeitübergreifenden Dom … Und 30 Millionen Euro, das interessiert im milden Mantel der kommenden Jahrhunderte keinen mehr.

Wieder zurück nach Bayern. All die Burgen, Schlösser, Schlossgärten! Nymphenburg, Schleißheim, Rosenau, die Feste von Aschaffenburg, die Neue Residenz Bamberg und der überirdische Dom; Nürnberg und die Reichsburg (siehe offizielle jährliche Schrift »Gärten- und Seenland Bayern« …)! Wer gern magische Orte aufsucht und die darauf errichteten wunderbaren Kulturdenkmäler besichtigt – man denke an all die traumverloren schönen Dome der katholischen Denkweise, wie etwa jenen in Bamberg (siehe da) –, der genießt, staunt, fragt aber nicht nach dem Preis von damals. Nur Kleingeister tun das.

So sehen wir nicht nur das 2013 aktuelle »Limburg« (der fachwerkbetonte Aufbau beim Bischofs-Sitz ähnelt dem Dürer-Haus; siehe da), sondern all die Einweihungsgebäude an Kraftorten, Kathedralen, Burgen, Schlössern, Kapellen, eben bei Herrschafts-Sitzen; wir sehen sie neu im Bannkreis der kommenden Zeit. Orte bewegen.

Und wer die Orte kennt, der ist ein Beweger. Vielleicht allen voran der bayerische Märchenkönig Ludwig II. Dessen Bauten sind gefrorener Geist, zu Stein geronnene, materialisierte Visionen – immer an den besten magischen Kraftorten! Materie ist gefrorener Geist, nichts anderes als verlangsamte Schwingung.

»Da der Eingeweihte weiß, dass die Materie eine symbolische Darstellung göttlichen Erscheinens ist, die sich in den Naturgesetzen widerspiegelt, verurteilt er keinen bloß an die Materie glaubenden Menschen …« (Franz Bardon: Hermetische Religionsanschauung).

Wir erkennen: Die Ewigkeit ist ein multidimensionaler Kraftort auf der Schiene der Zeit.

Und der Limburger Bischof, er weiß »es«, wie König Ludwig II., ebenso wie der München-Gestalter Ludwig I., auch wie zahllose Äbte und Ausgestalter bayerischer Klosteranlagen – und eben all die anderen »ver-rückten« Baumeister vorher und nachher – er weiß um das wahre Geheimnis der Zeit. Das sieht der wissende Bild-Betrachter jener Visionäre, der die Porträt-Galerien von Schlössern und Abteien entlangschreitet, er sieht es schmunzelnd am zeitverlorenen »Dürer-Blick«, der »nach innen« geht. Und von da aus ins Zeitlose. Auch die Bildnisse des jüngeren Ludwig von Bayern zeigen diesen Blick. Den dann eine neidische, unverstehende Umwelt bald verändert hat. Nebenbei: Wenn König Ludwig II. von Bayern auf das Genöle seiner Zeitgenossen gehört hätte …

Und natürlich Maria. Die Gottesmutter in Bayern. Nochmals lesen: Muttergottes auf dem Stock im Allgäu, Heroldsbach: Auch Maria bewegt. Maria evoziert Pilgerströme. Strom ist eine Dynamik. Und Maria ist Erde, Humus, Humor, Mutterwitz. Beachten sie nun immer beim Kraftort-Denken die ma-gische (!) Vorsilbe Ma-: Maria, Mama, Mater (= Mutter), Materie (oh ja, auch Materialismus). Maria ist Erde, ist Leben und Heimat. Kaum ein bayerischer Kraftortfreund, der nicht die Heimat liebt und ehrt.

Um es, als Abschluss des bildhaften Rundganges durch Bayern, auf die Spitze zu treiben: Maria, König Ludwig, Jakobus und all die bildhaften Heiligen Bayerns – selbst beim Gottessohn gilt: Wer an den richtigen ORTEN auftritt, der bewegt. Und wird, wie letztlich jede Dynamik, unsterblich.

Literatur

Abtei Frauenwörth, Website; www.frauenwoerth.de

Ammerseekurier, 27.10.10, »Spaziergang durch das Tal des Lebens«

Appel, Rolf: Die großen Leitideen der Freimaurerei. Münster 1986

Bachler, Käthe: Der gute Platz. Eine große Hilfe für die Gesundheit an Körper, Seele und Geist. Sankt Pölten 2007

Bardon, Franz: Frabato. Wuppertal 1979, S. 189: Hermetische Religionsanschauung

Basilika auf dem Petersberg bei Dachau. Lindenberg 2007

Berchtesgadener Land. Website. http://www.berchtesgadener-land.com/de

Bischof, Marco: Geomantie – Die Wiederverzauberung der Landschaft. Der Mensch und die Kraft des Ortes. Aarau 2000

Bischoff, Erich u. a.: Die Kabbala. Linz 1992

Blavatsky, Helena P.: Praktischer Okkultismus. Satteldorf 1997

Böckl, Manfred: Opfersteine, Göttinnenquellen und Druidenthrone. Riedlhütte o. J.

Bongart, Ferdinand: Kultstätten – was sie uns verraten. Eine Einführung in die Kennzeichnung von Kultstätten. Eschweiler 1997

Broers, Dieter: Gedanken erschaffen Realität. Die Gesetze des Bewusstseins. Berlin und München 2010

Canetti, Elias: Masse und Macht. Frankfurt a. M. 2008

Dobelli, Rolf: Die Kunst des klaren Denkens. 52 Denkfehler … München 2011

EFODON-SYNESIS Nr. 2/2001, Hans Guggemos: Die Andechser oder: Der heilige Berg und das Bier

Fenzl; Fritz: Der Teufelstritt. Magische Geschichten und Rundgänge zu Sagenorten in München. München 2008

Fenzl, Fritz: Kraftorte selbst finden. München 2004

Fenzl, Fritz: Kraftplätze und Glücksorte in Bayern. München 2012

Fenzl, Fritz: Magische Orte in Bayern. Rosenheim 2011

Fenzl, Fritz: Magische Schicksalsorte in Bayern. Rosenheim 2013

FOCUS, 10.8.2008, Christian Haas: Zwei-Seen-Land: Der Milde und der Wilde.

Friedländer, Saul: Kitsch und Tod. Der Widerschein des Nazismus. München 1984

Fritze, Hartwig: Das Kraftfeld der Symbole. Düsseldorf 1999

Früh, Sigrid (Hrsg.): Der Kult der drei Heiligen Frauen. Märchen, Sagen und Brauch. Bern 1998

Gärten- und Seenland Bayern. Hrsg. Vom Bayer. Staatsministerium der Finanzen, o. J.

Gaubitzer, Anna (Bearb.): Bayerische Sagen. Wien 2007

Gemeinde Seeg im Allgäu, Website. www.seeg.de

George, Stefan: Bamberg, Werke. Ausgabe in zwei Bänden, 2. Auflage, Düsseldorf 1968, Bd. 1, S. 336 f.
Giger, Andreas: Vom Chaos zur Ekstase. Hamburg 1990
Goodrick-Clarce, Nicholas: The occult roots of nazism – The Ariosophists of Austria and Germany 1890–1935; Wellingborough/Northamptonshire 1985
Greipl, Egon Johannes (Hrsg.): Der Geschichte auf der Spur. München 2011
Grüß Gott in Uttlau. Passau 1994
Hacheney, Wilfried: Wasser, Wesen zweier Welten. Peiting 2003
Hauff, Wilhelm: Das Wirtshaus im Spessart. Gutenberg-Projekt: http://gutenberg.spiegel.de/buch/5743/1
Hell, Daniel: Die Wiederkehr der Seele. Freiburg i. Br. 2005
Hubensteiner, Benno: Bayerische Geschichte. Original-Ausgabe München o. J., S. 9
Internetloge.de. Website. http://www.internetloge.de
Jores, Arthur: Mensch sein als Auftrag. Wien 1078
Kapellari, Egon: Heilige Zeichen. Stuttgart 1980
Kapfhammer, Günther (Hrsg.): Sagen aus Bayern. Hamburg 1994
Katzmair, Harald; Mahrer, Harald: Die Formel der Macht. Salzburg 2011
Kerll, Karl-Heinz: Energie-Plätze. Erdstrahlen und ihre Wirkungen auf den Menschen. Münster 2002
Klein, Dieter: Münchner Maßstäbe. Der Siegeszug der Münchner Architektur im 19. Jahrhundert. München 2008
Knight, Christopher; Lomas, Robert: Das Geheimnis des Heiligen Grals. Rastatt 1989
König, Herbert L.: Unsichtbare Umwelt. Der Mensch im Spielfeld elektromagnetischer Kräfte. 5.Aufl. München 1986
Kunst-kreativ.de. Website. Unterseite: Die Geheime Offenbarung des Johannes: .Die Apokalypse von Albrecht Dürer. http://kunst-kreativ.de
Landsprung, Adolphe. Orte der Kraft und Energie in Deutschland. Darmstadt 2010
Le Bon, Gustave: Psychologie der Massen. Stuttgart 1911
Lionel, Frédéric: Verborgenes Wissen, Ergründung unerwarteter Zusammenhänge. München 1992
Das LOLA-Prinzip. Website. www.das-lola-prinzip.de
Magische Orte der Schweiz. Website. Blogartikel »Monte Verità – der berühmte Kraftort am Lago Maggiore«. http://magic-places.ch
Maclellan, Alec: Das Geheimnis der Heiligen Lanze. Rottenburg 2005
Merkur online, 5.4.2010. Himmlische Retter. www.merkur-online.de
Merkur online, Ausgabe Lechrain, 11.5.11. Gestohlene Pieta kehrt in Stockkapelle nach Asch zurück. www.merkur-online.de

Merz, Blanche: Die Seele des Ortes. Deren Wirkkraft auf unsere vier Körper. Chardonne (SUI), München 1988
Museen der Stadt Nürnberg. Website. www.museen.nuernberg.de/duererhaus
Pennick, Nigel: Handbuch der angewandten Geomantie. Saarbrücken 2008
Pieper, Werner: Geomantie. Die Kunst, Energiezentren auf der Erdoberfläche auszumachen. Birkenau 1993
Pilar, P. Clemens: Esoterik und christlicher Glaube. Hilfen zur Unterscheidung. Wien 2001
Playfair, Guy Lyon; Hill, Scott: Die Zyklen des Himmels. Die kosmischen Kräfte und wir. München 1983
Platzer, Gerhard: Die Pfarrkirche St. Jakob in Thal bei Graz. Eigenverlag der Pfarre Thal, 3. Aufl. 2005
Pleticha, Heinrich; Müller, Wolfgang: Mythische und magische Plätze in Deutschland. Höhlen, Wunder, Heiligtümer. Würzburg 2000
Pogacnik, Marko: Schule der Geomantie. München 2000
Reger, Karl Heinz: Bayerische Schlossgespenster. Reiseführer zu den dreißig unheimlichsten Spukstätten. Pfaffenhofen/Ilm 1983
Ravenscroft, Trevor: Speer des Schicksals. München 1988
Reiser, Rudolf: Sonne und Tierkreis. München 2004
Resch, Andreas (Hrsg.): Fortleben nach dem Tode. Innsbruck 1986
Seitz, Helmut: Wo es geschah. Historische Schauplätze in Bayern. München 2008
St. Matthäus Asbach. Regensburg 2007
Speer, Albert: Erinnerungen, Frankfurt/Berlin/Wien 1969
Süddeutsche Zeitung, 24./25./26. Dezember 2002. Das Jauchzen der himmlischen
Heerscharen. Flattern und Schweben in alle Ewigkeit …
Terravera.de, Website, Unterseite: Der Paterzeller Eibenwald, ein Lebensraum für Elfe und Gnome, http://terravera.de/v/7096/der-paterzeller-eibenwald-ein-lebensraum-fur-elfe-und-gnome/
Undosa. Website, Unterseite »Historie«, http://www.undosa.de/undosa/historie.html
Verein zur Förderung des Jakobswegs Isar – Loisach – Leutascher Ache – Inn e. V. Jakobsweg. Website. www.auf-dem-jakobsweg.info
Waldmünchen. Geschichte einer Stadt von den Anfängen bis zur Gegenwart. Hrsg. v. d. Stadt Waldmünchen. Stamsried 2010
Watson, Lyall: Das geheime Leben der Dinge. Amerang 2013
Watzmann. Website, www.watzmann.de
Zerling, Clemens: Götter-, Götzen- und Gralstempel. Kultplätze in Deutschland. Ein Führer zu magisch-mystischen Orten. Aarau 2001

Bildnachweis

© aboe – Fotolia.com: Seite 42/43
© AndreasEdelmann – Fotolia.com: Seite 86/87
© anshar73 – Fotolia.com: Seite 2
© arsdigital – Fotolia.com: Seite 127
© artalis – Fotolia.com: Seite 5
© Bartleby – Fotolia.com Seite: 56/57
© belahoche – Fotolia.com: Seite 7
© bernjuer – iStockphoto.com: Seite 13
© BigFotoFly – Fotolia.com: Seite 131
© cab48 – Fotolia.com: Seite 35
© Caroline Strobl – Fotolia.com: Seite 90/91
© Carsten Kykal – Fotolia.com: Seite 50
© FFCucina Liz Collet – Fotolia.com: Seite 15
© fisfra – Fotolia.com: Seite 89
© Florian Westermann – Fotolia.com: Seite 11
© Fotodil – Fotolia.com: Seite 1
© fotoresultate – Fotolia.com: Seite 137
© fottoo – Fotolia.com: Seite 58
© franziskus46 – Fotolia.com: Seite 125
© ipq7 – Fotolia.com: Seite 44/45
© Jan Schuler – Fotolia.com: Seite 115
© Jumo – Fotolia.com: Seite 134
© laguna35 – Fotolia.com: Seite 109
© LianeM – Fotolia.com: Seite 123
© Luftbildfotograf – Fotolia.com: Seite 54
© Mapics – Fotolia.com: Seite 30/31
© mikey – Fotolia.com: Seite 121
© Salvador Manaois III – Fotolia.com: S. 128/129
© SeanPavonePhoto – iStockphoto.com: Seite 101
© seewhatmitchsee – iStockphoto.com: Seite 25
© Stockbridge Shoots – Fotolia.com: Seite 106
© Thiemo Wenkemann DTP – Fotolia.com: Seite 112
© WindsMedia – Fotolia.com: Seite 85
© World travel images – Fotolia.com: Seite 133
Aconcagua /GFDL, Lizenz: CC-BY-SA-3.0: Seite 72
AHert / Lizenz: CC-BY-SA-3.0: Seite 26
Alexander Z. / Lizenz: CC-BY-SA-3.0: Seite 64
Boschfoto / Lizenz: CC-BY-SA-3.0: Seite 52
Doris Schug: Seite 117, 118
Frankenschleif – © Edith Rosebrock: Seite 111
GFreihalter / Lizenz: CC-BY-SA-3.0: Seite 66/67, 68
Gras Ober, Wikipedia/Wikimedia Commons / Lizenz: CC-BY-SA-3.0: Seite 99
Klaus G. Förg, Rosenheim: Seite 60, 79
Marco Barnebeck / pixelio.de: Seite 81
N. Wesely: Seite 39
Richard Mayer / Lizenz: CC-BY-SA-3.0: Seite 48
Rotkreuzklinikum München: Seite 21
Rufus46 / Lizenz: CC-BY-SA-3.0: Seite 76/77
Sebastian Werba: Seite 94
Stefan Schmid, Touristikbüro Marktoberdorf: Seite 97
thomas springer / Lizenz: CC-BY-SA-3.0: Seite 103
Zairon / Lizenz: CC-BY-SA-3.0: Seite 18/19

Besuchen Sie den Autor im Internet unter
www.magische-kraftorte.de
Besuchen Sie uns im Internet unter
www.rosenheimer.com

Umschlag vorn: Kloster Andechs, Bernd Römmelt, München
Umschlag hinten: Blaue Stunde Dom Passau, © fotoresultate – Fotolia.com

Lektorat: Gisela Faller, Stuttgart
Typografie und Satz: Catherine Avak, Iphofen
Bildbearbeitung: Fotoweitblick Raphael Lichius, Bad Aibling
Druck und Bindung: FIRMENGRUPPE APPL, aprinta Druck, Wemding
Printed in Germany

ISBN 978-3-475-54255-8